イラスト＆書き込み式で初級レベルがしっかり身につく

Joo式

韓国語 ステップ アップ ドリル

Joo

KADOKAWA

はじめに

アンニョンハセヨ！
韓国語をちょっと楽しく紹介する猫、Jooです。
ふだんは猫（というキャラクター）をかぶって、オンラインやYouTubeなどで韓国語の楽しさを紹介する活動をしています。

私が韓国語を教え始めた12年前と比べ、今は**史上最高に韓国語が勉強しやすい時代**になりました。
韓国ドラマやK-POPを気軽に楽しめるのはもちろん、YouTubeやInstagramといったSNSなど、ためになる無料コンテンツがたくさんあふれています。韓国語スクールに通わなくても、家で横になってスマホをさわってさえいれば、いつでも韓国コンテンツに触れることができるのです。
ですが、このような学習しやすい環境にもかかわらず、圧倒的に足りていないことがあります。**それは「アウトプット」**です。
みなさん、身につけた韓国語を日常で使うチャンスはありますか？

韓国語で作文をしたり、口に出したりするだけの従来型の方法でもよいのですが、韓国語をもう少し「今っぽく！　楽しく！」アウトプットできる方法はないかな、と考えて作られたのがこの本です。
本書は、日本人女性・ハルと韓国人男性・テヒョンが**チャットで親交を深めていくという設定**を通して、**自然と使えるフレーズ、初級文法をしっかり身につけます**。

主人公・ハルになったつもりで、チャットのセリフを口に出し、自分のものにしてくださいね。また各シーンで解説した表現を使って、練習問題の答えを書き込んだり、作文したりしてみましょう！　手で、口で、徹底的に「アウトプット」できる内容になっています。
リアルな会話でそのまま使えるフレーズばかりなので、実際にチャットを始めて、

韓国人の友だちを作るのにも役立ちます。

本書は初級レベルの方はもちろん、少し勉強したけど次のステップに進む前に知識のおさらいをしたい方にもおすすめです。さあ、一緒に頑張りましょう！

Joo

登場人物の紹介

津子（つこ）

名前の由来はよくツッコむことから。推しと話すために韓国語の勉強を始めて幾年月……もはや万年初級レベルなのか!? 勉強は苦手だから、なるべくラクして韓国語が話せるようになりたい。

Joo（ジュー）

韓国語が堪能な野良猫。職業は韓国語の先生。メイクのノリによってはたまに人間になることも。トッポギ屋さんで出会い、韓国語を教えることになった津子とはかなり長い付き合いに……。

ハル
日本人／女性

韓国エンタメが大好き！ 韓国ドラマにハマり、1年前から韓国語を勉強中。少しずつ理解できることが増えてきたので、ネイティブとコミュニケーションをとってみたいと燃えている。憧れのスターとも話してみたい！

テヒョン
韓国人／男性

梨泰院（イテウォン）でワインバーを経営。食べること、飲むことが大好きで、毎年日本各地を旅するほどの日本（特に日本食！）が好き。日本語の勉強を始めたこともあり、日本人の友だちを作りたいと思っている。

本書の特徴と使い方

特徴1 日常会話で必要な
文法の基礎が身につく!

日本人女性・ハルと韓国人男性・テヒョンがアプリを通して知り合い、仲良くなっていく日常会話を楽しみながら、韓国語を話す、聞く、書くために必要な重要表現を学びます。※実際のアプリでの会話に近づけるため、「.（ピリオド）」などは省略しています。

吹き出し内の空欄部分がこの項目の重要表現です。できれば、日本語を読んで韓国語に訳してみましょう。

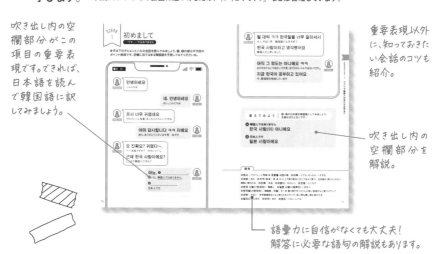

重要表現以外に、知っておきたい会話のコツも紹介。

吹き出し内の空欄部分を解説。

語彙力に自信がなくても大丈夫！解答に必要な語句の解説もあります。

特徴2 書き込んでしっかり記憶!
豊富な練習問題

各シーンで身につけた重要表現をSTEP1〜4の練習問題でしっかりおさらい。読む、書く、発音する、がすべて補えます。特に書くことで記憶を定着させられるので、くり返しチャレンジしてくださいね。

Let's
study!

練習問題に何度もチャレンジしてほしいから、最初はノートを用意して解答を書き込むのも一案。

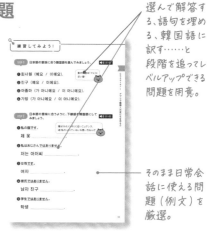

選んで解答する、語句を埋める、韓国語に訳す……と段階を追ってレベルアップできる問題を用意。

そのまま日常会話に使える問題（例文）を厳選。

特徴 3 重要表現をイラスト&図で
コンパクトに解説

各シーンの重要表現（文法事項）をコンパクトにまとめました。特に混乱しやすい表現の使い方は、たくさんのイラストや図を使っていねいに解説。練習問題を解くためのヒントとしてはもちろん、初級文法の再確認用テキストとして、楽しく見直せること間違いなしです。

本当に必要な
ことだけを
コンパクトに！

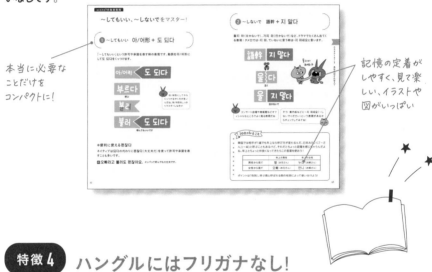

記憶の定着が
しやすく、見て楽
しい、イラストや
図がいっぱい

特徴 4 ハングルにはフリガナなし！

ハングルを読むことは韓国語を学ぶ基本です。なるべくネイティブに近い発音を身につけてほしい！という思いから、本書ではあえてフリガナを記載していません。正しい発音で勉強するとスピーキングはもちろん、リスニングにも必ず役立ちます。

特徴 5 音源や動画でリアルな発音を確認

各シーンのハルとテヒョンの会話、STEP 1〜4の練習問題は音源ダウンロードやストリーミング動画で音声を聞くことができます。学習の初期段階から正しい発音を身につけるためにも、一度は音声を聞いてみてくださいね。

本書の学習プランは2パターン！

短期間に集中して学習したい方におすすめ！

コミットプラン　1か月半プラン

1week ▶▶▶ 第1話　scene 1〜5

2week ▶▶▶ 第2話　scene 6〜10

3week ▶▶▶ 第3話　scene 11〜15

4week ▶▶▶ 第4話　scene 16〜20

5week ▶▶▶ 第5話　scene 21〜25

6week ▶▶▶ 復習
（間違った問題を中心に＋作文練習）

一気に学んで、光の速さで中級にレベルアップだな

TOPIKやハングル検定前の追い込みにもおすすめだよ

効果的な復習のやり方

☑ 間違ったところを中心に取り組む

限られた時間で効率的に学ぶには、間違ったところを中心に復習するのがおすすめ。間違ったところ＝あなたの苦手なところ。もちろん、全項目を見直す余裕があればより効果的です。

勉強を進める上で指針となる2つのプランを用意しました。旅行に、韓国語の試験に、みなさんの目的に合わせてお好きなコースを選んでくださいね。

少し時間をかけて、ゆっくり学習したい方におすすめ!

ゆったりプラン 3か月プラン

1week	▶▶▶	第1話	scene 1〜3
2week	▶▶▶		scene 4、5+復習
3week	▶▶▶	第2話	scene 6〜8
4week	▶▶▶		scene 9、10+復習
5week	▶▶▶	第3話	scene 11〜13
6week	▶▶▶		scene 14、15+復習
7week	▶▶▶	第4話	scene 16〜18
8week	▶▶▶		scene 19、20+復習
9week	▶▶▶	第5話	scene 21〜23
10week	▶▶▶		scene 24、25+復習
11week	▶▶▶	復習	
12week	▶▶▶	作文練習	

ところで復習ってどうやればいいの?

効果的な復習の方法を紹介するね!

☑ できるだけ作文に取り組もう!

作文ができる=ちゃんと理解できているということ。スラスラ書けなくてもいいので、一度は取り組んでみてくださいね。表現に慣れたら、知っている韓国語の単語を当てはめて、自由に作文してみましょう。ハングルを書くことで、その単語の正しい発音も身につき一石二鳥!

基本用語と表記のルール

基本用語

パッチム…ハングルは子音と母音が組み合わさって1つの文字になっており、中でも下から文字を支えるようについている子音をパッチムと言います。

例 **학생**（学生）→ ㄱ、ㅇがパッチム

用言…動詞、形容詞、存在詞、指定詞のこと。存在詞、指定詞は韓国語ならではの品詞で、存在詞には**있다**（ある、いる）、**없다**（ない、いない）、指定詞には**이다**（〜である）、**아니다**（〜でない）があります。

語幹…動詞や形容詞などの原形から、다を取り除いた形のこと。

例 **가다**（行く）→ 語幹は**가**　　**맛있다**（おいしい）→ 語幹は**맛있**

아/어形 …用言のヨ体から、요を取り除いた形のこと。

例 **먹다**（食べる）→ ヨ体は**먹어요** → 아/어形は**먹어**

表記のルール

「／」の前後はパッチムの有無
助詞や文型を表記する際に、「／」を使うことがあります。左側は「語幹末にパッチムがない語句」につく場合、右側は「語幹末にパッチムがある語句」につく場合の表現です。

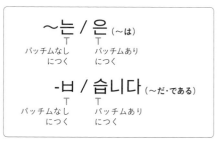

文法事項によっては、パッチムの有無で変わる形を（　）で表記している場合があります。たとえば、（으）세요の場合、세요がパッチムがない語句に、으세요がパッチムがある語句につく場合を表します。

韓国語の前の「-」は用言の語幹を意味
語句の前にある「-」は、「-」の部分に用言（動詞、形容詞、存在詞、指定詞）の語幹がつくことを意味します。

音声を聞くには

以下のいずれかの方法で、
各シーンの会話部分と練習問題の音声を聞くことができます。

ダウンロードして音声を聞くには

下記URLにアクセスし、ダウンロードしてください。

https://kdq.jp/ANeP3

ユーザー名　joosiki-stepup　パスワード　joo-siki-kankoku5

※音声は mp3 形式で保存されています。お聞きいただくには mp3 ファイルで再生できる
環境が必要です。　※ダウンロードはパソコンからのみとなります。携帯電話・スマートフォ
ンからはダウンロードできません。ダウンロードページへのアクセスがうまくいかない場合
は、お使いのブラウザが最新であるかどうかご確認ください。また、ダウンロードする前に、
パソコンに十分な空き容量があることをご確認ください。　※フォルダは圧縮されています。
解凍した上でご利用ください。　※音声はパソコンでの再生を推奨します。一部ポータブル
プレーヤーにデータを転送できない場合もあります。

ストリーミング再生で音声を聞くには

パソコンまたはスマートフォンなどから、下記URLまたは、
QRコードにアクセスし、音声を再生してください。

https://kdq.jp/miziV-0

※音声や動画を視聴いただく際の通信費はお客様のご負担となります。　※音声や動画
を保存することはできません。　※動画アプリをインストールしている場合は、アプリが
立ち上がることがあります。　※なお、本サービスは予告なく終了する場合がございます。
あらかじめご了承ください。

CONTENTS

Chapter 1
アプリで韓国人の 友だちを作る!?

Chapter
4

私たち、
会ってみませんか?

・本書では、日常会話でよく使うヨ体を中心に紹介しています。
・練習問題の日本語は解答のしやすさを優先するため、直訳に近い形になっています。そのため一部不自然な日本語があります。
・韓国語では助詞を省くことが多いため、練習問題の日本語には助詞があるのに、解答の韓国語には助詞がない、という場合があります。

カバーデザイン／坂川朱音（朱猫堂）　本文デザイン／黒田志麻　カバーイラスト／HOHOEMI
本文イラスト／Joo　音源制作／一般社団法人英語教育協議会（ELEC）
校正／水科哲哉（合資会社アンフィニジャパン・プロジェクト）、渡辺麻土香、文字工房燦光
動画編集／せきねかおり　DTP／佐藤史子　企画・編集／仁岸志保

アプリで韓国人の
友だちを作る!?

韓国語の勉強を始めて1年になったハル。独学で学びながら、ある程度、韓国語が話せるようになったけど……「アプリを使って、韓国語で話しかけてみよう!」

この章のポイント

「〜です、〜ではありません」といった基本的な表現から、初級韓国語のキモであるヨ体の作り方を紹介します。パッチムの理解、バッチリですか? 初めて韓国語を学ぶ人も、すでに始めている人にも基本は大事! しっかり身につけていきましょう。

初めまして

～です、～ではありません

まずは下のテヒョンとハルの会話を読んでみましょう。Ⓐ、Ⓑの部分が今回の
ポイント表現です。空欄に当てはまる韓国語を予想してみてくださいね。

🔊 01

テヒョン

안녕하세요
こんにちは

네. 안녕하세요
はい。こんにちは

ハル

テヒョン

프사 너무 귀엽네요
プロフィール写真、めっちゃかわいいですね

어머 감사합니다 ㅋㅋ 저예요
あら、ありがとうございます笑　私です

ハル

テヒョン

오 진짜요? 귀엽다~.
へ～本当ですか？　かわいい～。

근데 한국 사람이에요?
ところで韓国人ですか？

아뇨. Ⓐ_____.
いいえ。韓国人ではありません。

Ⓑ_____
日本人です

ハル

テヒョン

헐 대박 ㅋㅋ 한국말을 너무 잘하셔서
えっ、やばい笑　韓国語が上手すぎて

한국 사람이라고 생각했어요
韓国人かと思いました

아직 그 정도는 아니에요 ㅋㅋ
まだそのぐらいではないです笑（まだそのレベルではないです）。

지금 한국어 공부하고 있어요
今、韓国語を勉強しています

ハル

答えてみよう｜Ⓐ、Ⓑの日本語を韓国語にしてみましょう。
　　　　　　　　正解は次のとおりです。

Ⓐ 韓国人ではありません
한국 사람(이) 아니에요

Ⓑ 日本人です
일본 사람이에요

語句

■**프사**：プロフィール写真 ➡ **프로필 사진**の略　■**너무**：とても、めっちゃ、〜すぎる
■**어머**：あら　■**ㅋㅋ/ㅎㅎ**：笑 ➡ ネット上で笑う時はこの二つをよく使う。日本語の(笑)よりかなり
頻繁に使われる　■**진짜**：本当　■**귀엽다**：かわいい　■**근데**：ところで
■**한국 사람(=한국인)**：韓国人　■**일본 사람(=일본인)**：日本人
■**한국말(=한국어)**：韓国語　■**헐**：え? ➡ 驚く時やがっかりした時に若者がよく使うスラング
■**대박**：やばい　➡ 年齢関係なくよく使われるスラング。良い時も悪い時も使われる
■**잘하다**：上手だ　■**아직**：まだ　■**정도**：くらい、レベル

～です、～ではありませんをマスター！

① **～です**
名詞 + 예요/이에요 ※原形は (이)다(～だ)

名詞の後に예요や이에요をつけます。名詞の最後にパッチムがない時は예요、パッチムがある時は이에요がつくので注意しましょう。

無料　パッチムなし　です　　会社員　パッチムあり　です

② **～ではありません**
名詞 + (가/이) 아니에요 ※原形は아니다(～ではない)

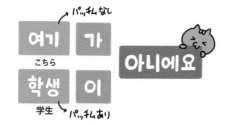

パッチムなし
여기　가
こちら
학생　이
学生　パッチムあり
아니에요

名詞の後に (가/이) 아니에요をつけます。こちらもパッチムがあるかないかで形が変わり、名詞の最後にパッチムがない時は가、パッチムがある時は이になります。

● かしこまったニュアンスで言いたい時は ハムニダ体

・名詞＋입니다(～です)

パッチムのある、なしにかかわらず、입니다をつければOK!

日本人　です

・名詞＋ (가/이) 아닙니다
　　　　　　(～ではありません)

パッチムのある、なしによって、助詞(가/이)が変わります。

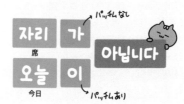

자리　가　パッチムなし
席
오늘　이
今日　パッチムあり
아닙니다

練習してみよう!

STEP 1 日本語の意味に合う韓国語を選んでみましょう。　🔊)) 01-01

❶ 회사원 (예요 / 이에요).

> 회の発音は「フェ」に
> 近い音!

❷ 친구 (예요 / 이에요).

❸ 아줌마 (가 아니에요 / 이 아니에요).

❹ 가방 (가 아니에요 / 이 아니에요).

STEP 2 日本語の意味に合うように、下線部を韓国語にして みましょう。　🔊)) 01-02

❶ 私の服<u>です</u>。

> 제は「わたくしの」に近いニュアンス。
> 내(私の)よりていねいな言い方なんだ

제 옷 ＿＿＿＿＿＿＿＿＿＿＿．

❷ 私は<u>おじさんではありません</u>。

저는 아저씨 ＿＿＿＿＿＿＿＿＿＿＿．

❸ 女性<u>です</u>。

여자 ＿＿＿＿＿＿＿＿＿＿＿．

❹ 彼氏<u>ではありません</u>。

남자 친구 ＿＿＿＿＿＿＿＿＿＿＿．

❺ <u>学生ではありません</u>。

학생 ＿＿＿＿＿＿＿＿＿＿＿．

次の日本語を韓国語に訳してみましょう。　◀)) 01-03

❶ 私の友だちです。　_____

❷ 先生ではありません。　_____

❸ デザートです。　_____

❹ 娘ではありません。　_____

❺ 美容師です。　_____

STEP 4　音声を聞きながらSTEP1～3の文を発音してみましょう。

JOOのひとこと

예요/이에요(です)の語尾を上げて発音すれば、疑問形の예요？/이에요？(ですか？)と同じ意味で使えます。

例 한국 사람이에요?　韓国人ですか？

＊입니다の疑問形は입니까?になる

語句

■**회사원**：会社員　■**친구**：友だち　■**아줌마**：おばさん　■**가방**：かばん

■**제**：わたくしの　➡**내**(私の)よりていねいな表現　■**옷**：服

■**저**：わたくし　➡**나**(私)よりていねいな表現　■**아저씨**：おじさん　■**여자**：女子、女性

■**남자 친구**：彼氏　↔　**여자 친구**：彼女　■**학생**：学生　■**선생님**：先生

■**디저트**：デザート　■**딸**：娘　■**미용사**：美容師

Answer

STEP 1

1 이에요　**2** 예요　**3** 가 아니에요　**4** 이 아니에요

 パッチムのある、なしは大丈夫かな?

회사원は원だからパッチムあり、
친구は구だからパッチムなしだね。

STEP 2

1 이에요　**2** 가 아니에요　**3** 예요　**4** 가 아니에요
5 이 아니에요

単なる男友だちは**남자 사람 친구**(男性の友だち)を略して**남사친**とい
うことが多いよ。ちなみに여자 사람 친구(女性の友だち)は여사친と
言うんだ。

STEP 3

1 제 친구예요.　**2** 선생님이 아니에요.　**3** 디저트예요.
4 딸이 아니에요.　**5** 미용사예요.

 韓国ではケーキなどの甘いものを「スイーツ」ではなく
디저트(デザート)と言うことが多いよ。

間違っても
いいんだよ

君の名は…！

あります、ありません

まずは下のテヒョンとハルの会話を読んでみましょう。Ⓐ、Ⓑの部分が今回の
ポイント表現です。空欄に当てはまる韓国語を予想してみてくださいね。

🔊) 02

テヒョン

이름이 어떻게 되세요?
お名前は何ですか？

하루예요. 이름이 뭐예요?
ハルです。名前は何ですか？

ハル

テヒョン

전 대현이라고 해요①
僕はテヒョンと言います

그렇구나!
そうなんですね！
대현씨라고 부를게요
テヒョンさんと呼びますね

ハル

テヒョン

네! 좋아요.
はい！　いいですよ。
하루씨는 Ⓐ＿＿＿＿＿＿?
ハルさんはカカオトーク(の)IDはありますか？

아뇨 ㅠㅠ Ⓑ＿＿＿＿.
いいえ泣 ありません
그게 뭐예요?
それは何ですか？

ハル

テヒョン 한국인이 자주 쓰는 메신저 어플이에요
韓国人がよく使うメッセンジャーアプリです

아〜 그렇구나!②
へ〜そうなんですね!

ハル

会話のコツ

① (이)라고 해요(〜と言います)は名前を伝える時以外にも、「日本語では○○と言います」などいろいろ使えます。

② 그렇구나(そうなんだ)は韓国人がもっともよく使う相づちです。

答えてみよう | Ⓐ、Ⓑの日本語を韓国語にしてみましょう。正解は次のとおりです。

Ⓐ カカオトークIDはありますか
카카오톡 아이디(는) 있어요

> 韓国語で「所有する」と言いたい場合、**가지다**(持つ)以外に**있다**(ある)を使うことも多いよ

Ⓑ ありません
없어요

JOOのひとこと

名前は「何ですか?」を直訳して뭐예요?と言ってもいいんだけど、어떻게 되세요?(どのようになりますか?)と言うともっていねい。年齢や職業、住所など、ストレートに聞きづらい質問をする時にぜひ使ってみてね。

例 **나이가 어떻게 되세요?** (お年は)おいくつですか?

語句

■**이름**：名前　■**뭐**：何　■**〜(이)라고 하다**：〜と言う　■**〜씨**：〜さん　■**부르다**：呼ぶ
■**좋다**：良い　■**카카오톡**：メッセージ交換アプリの名前 ➡ 韓国人のほとんどが使っているアプリ
카톡と略されることが多い　■**아이디**：ID　■**아뇨**：いいえ ➡ 아니요の略
■**ㅠㅠ**：泣いてる顔文字で(泣)と同じ意味 ➡ ㅜㅜを使うことも多い　■**자주**：よく、頻繁に
■**쓰다**：使う　■**어플**：アプリ、アプリとも言う　■**그렇다**：そうだ

23

あります、ありませんをマスター！

① あります、います
있어요 ※原形は 있다(ある・いる)

韓国語では「あります」も「います」も 있어요でOK。「あります」には「持っています」のニュアンスもあるから、お店などでもよく使います。

A: 포인트 카드 있으세요?
ポイントカードお持ちですか？

B: 네. 있어요.
はい。持っています。

② ありません、いません
없어요 ※原形は 없다(ない・いない)

韓国語の「ありません」「いません」はどちらも 없어요と言います。

문제	있어요
問題	あります

숙제	없어요
宿題	ありません

● かしこまったニュアンスで言いたい時は ハムニダ体

・있습니다　あります、います
・없습니다　ありません、いません

있어요
있습니다

없어요
없습니다

24

Q

練習してみよう!

STEP **1**　日本語の意味に合う韓国語を選んでみましょう。　🔊 02-01

❶ 少し問題があります。[　　]. ❷ 後悔はありません。[　　].

❸ 誰かいませんか? [　　]? ❹ ベッドの下に猫がいます。[　　].

Ａ 누구 있어요　Ｂ 후회는 없어요
Ｃ 침대 밑에 고양이가 있어요　Ｄ 조금 문제가 있어요

STEP **2**　日本語の意味に合うように、下線部を韓国語にして
みましょう。　🔊 02-02

❶ 予定があります。

_____ 이 _____ .

❷ 彼女がいません。

_____ 가 _____ .

❸ 時間がありません。

_____ 이 _____ .

❹ 席(が)ありますか?

_____ 가 _____ ?

❺ お金がありません。

_____ 이 _____ .

次の日本語を韓国語に訳してみましょう。　◀)) 02-03

❶ お酒はありますか?　_____

❷ 私は自信(が)あります。　_____

❸ 人がたくさんいます。　_____

❹ 小銭があります。　_____

❺ 今日はアルバイトがあります。　_____

STEP 4　音声を聞きながらSTEP1〜3の文を発音してみましょう。

できるかもー!

語句

■**조금**：少し　■**문제**：問題

■**〜는/은**：〜は(名詞の最後にパッチムがない時は**는**、ある時は**은**をつける)　■**후회**：後悔

■**〜가/이**：〜が(名詞の最後にパッチムがない時は**가**、ある時は**이**をつける)　■**누구**：誰

■**침대**：ベッド　■**밑**：下　■**고양이**：猫　■**예정**：予定　■**여자 친구**：彼女

■**시간**：時間　■**자리**：席　■**돈**：お金　■**술**：お酒　■**자신**：自信　■**사람**：人

■**많이**：たくさん　■**잔돈**：小銭　■**오늘**：今日

■**아르바이트**：アルバイト ➡ 日本語で「バイト」と言うように、縮めて**알바**(アルバ)と言うことが多い。

Answer

STEP 1

❶ D / 조금 문제가 있어요 ❷ B / 후회는 없어요
❸ A / 누구 있어요 ❹ C / 침대 밑에 고양이가 있어요

STEP 2

❶ 예정、있어요 ❷ 여자 친구、없어요 ❸ 시간、없어요
❹ 자리、있어요 ❺ 돈、없어요

----

 ④자리 (가) 있어요? は混んでるお店に入って、席があるのか確認する時によく使う表現だよ。

 ⑤돈 (お金) を強く発音すると、똥 (ウンコ) という意味になってしまうから要注意。

STEP 3

❶ 술은 있어요? ❷ 저는 자신(이) 있어요.
❸ 사람이 많이 있어요. ❹ 잔돈이 있어요.
❺ 오늘은 아르바이트가 있어요.

韓国語お上手ですね！

ヨ体/ハムニダ体

まずは下のテヒョンとハルの会話を読んでみましょう。Ⓐ、Ⓑの部分が今回の
ポイント表現です。空欄に当てはまる韓国語を予想してみてくださいね。

하루씨는 한국어 얼마나 공부했어요?
ハルさんは韓国語をどのぐらい勉強しましたか？

음… 저는 1년정도 공부했어요
ん… 私は1年ぐらい勉強しました

우와! 1년 공부했는데
わぁ！ 1年間勉強しただけで

Ⓐ _____？
こんなに韓国語が上手なんですか？

아니에요 ㅋㅋ
いやいや笑

많이 잊어버렸어요 ㅋㅋ①
だいぶ忘れちゃってます笑

뭐, 그럴 수 있죠 ㅋㅋ②
まあ、そういうこともあるでしょ笑

저랑 Ⓑ _____ !
僕と一緒に勉強しましょう！

너무 좋아요!②
とてもうれしいです！

テヒョン

> **모르는 거 있으면 언제든지 물어 보세요!**
> わからないことがあればいつでも聞いてください！

> **네! 그럴게요^^**
> はい！ そうしますね＾＾

ハル

会話のコツ

① 「（記憶を）なくす＝忘れる」は잊어버리다、「（物などを）なくす」は잃어버리다 を使います。この2つはよく使い分けを間違える単語だから、一緒に覚えてお きましょう。

② 뭐, 그럴 수 있죠（まあ、そういうこともあるよね）、너무 좋아요（とてもうれし いです）はとてもよく使うので、丸ごと覚えておきましょう。

答えてみよう ┃ Ⓐ、Ⓑの日本語を韓国語にしてみましょう。 正解は次のとおりです。

Ⓐ こんなに韓国語が上手なんですか **이렇게 한국어를 잘해요**

Ⓑ 一緒に勉強しましょう **같이 공부해요**

いい感じ♡

語句

■ **얼마나**：どのぐらい　■ **년**：年　**공부하다**：勉強する　■ **이렇게**：このように

■ **~를/을 잘하다**：~が上手だ　■ **아니에요**：いいえ　■ **잊어버리다**：忘れる

■ **뭐**：まあ、何　■ **~(이)랑**：~と　■ **같이**：一緒に　■ **모르다**：わからない

■ **언제든지**：いつでも　■ **묻다**：たずねる　■ **그러다**：そうする

ヨ体/ハムニダ体をマスター!

ヨ体 ～です、～します

「行きます」「きれいです」のように、韓国語では末尾に요をつけると丁寧語になります。このような文体をヨ体といいますが、原形には接続できません。そこで単語末を変える必要があるのです。

 原形は가다(行く)、예쁘다(きれいだ)のようにすべて다で終わるんだ

ヨ体の作り方

1 語幹末の母音を確認

語幹とは原形から다を取った形のこと。

2 母音に合わせて아요か어요をつける

語幹末の最後の母音が ト、ㅗかそれ以外によって、形が変わります。

母音がト、ㅗの場合
語幹に아요をくっつける

알다
知る

알아 요
知ります

語幹末알の母音がトだから、알に아요をつける

母音が ト、⊥ 以外の場合
語幹に 어요 をくっつける

맛있다
おいしい

맛있어 ← 요
おいしいです

語幹末맛있の母音が | だから、
맛있に어요をつける

●아/어形って何?

ヨ体から요を取って残った形を아/어形と言います。これから文法の解説で
よく出てくる表現なので一緒に覚えておきましょう。たとえば、맛있어요（お
いしいです）の아/어形は、요を取って残った形である맛있어になります。

●かしこまったニュアンスで言いたい時は ハムニダ体

ハムニダ体は母音を確認する必要なし。パッチムがないか、あるかで ㅂ니다、
습니다 を使い分けましょう。日常会話ではヨ体がもっともよく使われるので、
この本ではヨ体を中心に練習していきます。

・パッチムなし → 語幹 ＋ ㅂ니다

・パッチムあり → 語幹 ＋ 습니다

JOOのひとこと

ヨ体は魔法の言葉？ 語尾のイントネーションを変えるだけで、疑問文、勧
誘文、命令文として使えます。たとえばscene3のテヒョンの会話のように、
공부해요（勉強します）を誘う感じで言うと、勧誘する時の「勉強しましょ
う!」という意味になるよ。

・疑問文は語尾を上げる

例 공부해요? 勉強しますか?

・命令文は語尾を少し強めに言う

例 공부해요! 勉強してください!

練習してみよう！

STEP 1 例にならい、以下の単語をヨ体にしてみましょう。　🔊 03-01

 単語 알다 知る、わかる　→　ヨ体 알아요 知ります、わかります

単語	ヨ体	単語	ヨ体
먹다 食べる	❶食べます	**걸다** かける	❷かけます
놀다 遊ぶ	❸遊びます	**쉬다** 休む	❹休みます
찾다 探す	❺探します	**멋있다** かっこいい	❻かっこいいです
앉다 座る	❼座ります	**괜찮다** 大丈夫だ	❽大丈夫です
찍다 撮る	❾撮ります	**많다** 多い	❿多いです
입다 着る	⓫着ます	**적다** 少ない	⓬少ないです
좋다 良い	⓭良いです	**힘들다** 大変だ	⓮大変です
신다 履く	⓯履きます	**재미있다** 楽しい	⓰楽しいです
작다 小さい	⓱小さいです	**귀찮다** めんどくさい	⓲めんどくさいです
맛없다 おいしくない	⓳おいしくないです	**늦다** 遅い、遅れる	⓴遅いです、遅れます

32

STEP 2　日本語の意味に合うように、下線部を韓国語にしてみましょう。　🔊 03-02

❶ スカートをはきます。

_____ 를 _____ .

❷ ドアを開けます。

_____ 을 _____ .

❸ 彼氏を信じます。

_____ 를 _____ .

❹ 靴をはきます。

_____ 을 _____ .

❺ 手を洗います。

_____ 을 _____ .

STEP 3　次の日本語を韓国語に訳してみましょう。　🔊 03-03

❶ このドラマは本当におもしろいです。

_____

❷ あの人はお金が多いです(お金持ちです)。

_____

❸ 一緒に写真撮りましょう!

_____

❹ ここに座ってください。

_____

❺ 韓国でビビンバを食べます。

_____

STEP **4**　音声を聞きながらSTEP1〜3の文を発音してみましょう。

語句

■**치마**：スカート　■**드라마**：ドラマ　■**재미있다**：おもしろい　■**돈**：お金　■**사진**：写真
■**입다**：着る ➡ 韓国ではスカートやズボン、下着は「はく」ではなく、「着る」を意味する**입다**を使う
■**문**：ドア　■**열다**：開ける　■**〜를/을**：〜を　■**남자 친구**：彼氏　■**믿다**：信じる
■**신발**：靴　■**신다**：履く　■**손**：手　■**씻다**：洗う　■**이**：この　■**그**：その
■**저**：あの　■**진짜 (=정말)**：本当、本当に　■**여기**：ここ　■**거기**：そこ　■**저기**：あそこ
■**〜에**：〜(場所)に　■**〜에서**：〜(場所)で　■**비빔밥**：ビビンバ

Answer

STEP 1

❶ 먹어요　❷ 걸어요　❸ 놀아요　❹ 쉬어요　❺ 찾아요
❻ 멋있어요　❼ 앉아요　❽ 괜찮아요　❾ 찍어요　❿ 많아요
⓫ 입어요　⓬ 적어요　⓭ 좋아요　⓮ 힘들어요　⓯ 신어요
⓰ 재미있어요　⓱ 작아요　⓲ 귀찮아요　⓳ 맛없어요　⓴ 늦어요

앉다(座る)とか、パッチムが2つあると
読み方に迷っちゃうんだよね〜。

괜찮다、많다、귀찮아のような二重パッチムは
大体左側を読めばOK!

STEP 2

❶ 치마、입어요　❷ 문、열어요　❸ 남자 친구、믿어요
❹ 신발、신어요　❺ 손、씻어요

STEP 3

❶ 이 드라마(는) 진짜 재미있어요.　❷ 저 사람은 돈이 많아요.
❸ 같이 사진 찍어요!　❹ 여기에 앉아요.
❺ 한국에서 비빔밥을 먹어요.

答えを見ると、結構助詞の를/을 (を)を使ってないよね?　韓国人ってあまり助詞を言わないのかな?

そうだね、日本語でもよく助詞を省略するけど、日本語以上に省く場合が多いよ。

どこに住んでいる？

ヨ体の縮約

まずは下のテヒョンとハルの会話を読んでみましょう。Ⓐ、Ⓑの部分が今回の
ポイント表現です。空欄に当てはまる韓国語を予想してみてくださいね。

◀)) 04

> **어디에 살아요?**
> どこに住んでるんですか？
> ハル

> 전 이태원에 살아요
> 僕は梨泰院に住んでいます
> テヒョン

> **그렇구나! 저 이태원클라쓰라는**
> そうなんですね！　私、『梨泰院クラス』っていう
> Ⓐ＿＿＿＿＿＿＿＿＿＿＿ !
> ドラマ（が）大好きです！
> ハル

> 그래요?　전 이태원에서 와인 바를
> そう（なん）ですか？　僕は梨泰院でワインバーを
> 하고 있어요. Ⓑ＿＿＿＿＿＿＿ !
> しています。今度、一度遊びに来てください！
> テヒョン

> **와인 바 멋있네요!**
> ワインバー、素敵ですね！
> **저 와인 엄청 좋아하는데…**
> 私、めっちゃワインが好きなんですけど…
> ハル

> 오! 그래요? 어떤 와인 좋아해요?
> えーそうなんですか？　どんなワインが好きですか？
> テヒョン

레드 와인이요! 대현씨는요?
赤ワインです！ テヒョンさんは？

전 다 좋아하는데 주로
僕は全部好きですが、おもに

화이트 와인을 마셔요
白ワインを飲みます

Chapter1　アプリで韓国人の友だちを作る!?

答えてみよう | Ⓐ、Ⓑの日本語を韓国語にしてみましょう。
正解は次のとおりです。

Ⓐ ドラマ（が）大好きです
　 드라마 진짜 좋아해요

Ⓑ 今度、一度遊びに来てください
　 다음에 한번 놀러 와요

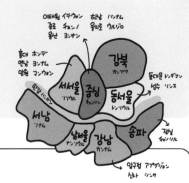

Jooのひとこと

레드 와인이요!(赤ワインです!)のようにある質問に対して「〇〇（名詞）
です」と言う場合、예요/이에요より、요/이요をつけるほうが自然だよ。

학교예요 → 학교요（学校です）

명동이에요 → 명동이요（明洞です）

語句

■**어디**：どこ　■**살다**：住む　■**이태원**：梨泰院(地名) ➡ ドラマ『梨泰院クラス』でも有名な韓国
のホットプレイス。若者や外国人が多く、韓国料理よりも外国料理を出すお店が多い。
■**~라는**：~という　■**드라마**：ドラマ　■**좋아하다**：好きだ　■**와인**：ワイン　■**바**：バー
■**멋있다**：かっこいい、素敵だ　■**엄청**：とても、めっちゃ　■**어떤**：どんな
■**레드 와인**：赤ワイン　■**다(=전부)**：全部　■**주로**：おもに　■**마시다**：飲む
■**화이트 와인**：白ワイン

ヨ体の縮約をマスター!

語幹末にパッチムがない動詞や形容詞のヨ体は、短くまとめられることがあります。これがヨ体の「縮約形」です。次の表のようなパターンがあるので、覚えておいてくださいね。

내다(出す)　내+어요 → 내요(出します)　✕ 내어요

서다 立つ

서어	서 요
↑ 어=ㅓだから 서+ㅓと同じ	立ちます

내다 出す

내어	내 요
↑ 내の中に すでに ㅓがある (ㅓ=어)	出します

어要る? もう あるよー

주다 あげる・くれる

주어	줘 요
↑ 어=ㅓだから ㅜとㅓをちぢめると ㅝ	あげます・くれます

되다 なる

되어	돼 요
↑ 어=ㅓだから ㅚとㅓをちぢめると ㅙ	なります

語幹末の母音	例	아/어形	縮約形
ㅏ	가다 行く	가+아	가
ㅓ	서다 立つ	서+어	서
ㅐ	내다 出す	내+어	내
ㅔ	세다 強い	세+어	세
ㅕ	켜다 点ける	켜+어	켜
ㅣ	마시다 飲む	마시+어	마셔
ㅗ	보다 見る・会う	보+아	봐
ㅜ	주다 くれる・あげる	주+어	줘
ㅚ	되다 なる	되+어	돼

●하다のヨ体は特別

하다の語幹は하ですが、ヨ体を作るルールに合わせて아요をつけると間違いです。하다は例外なので、別物としてそのまま覚えてしまいましょう。

하다 → ヨ体は 해요 (します)　✕ 하요

> 사랑해요(사랑愛+하다する)で
> 覚えておくといいかも!!

ヨ体	説明
가요 行きます	語幹に아/어をつけたいところですが、母音がㅏ+ㅏやㅓ+ㅓになると韓国語では余計に伸ばして言うように聞こえるので縮めて言います
서요 立ちます	
내요 出します	語幹に어をつけたいところですが、ㅐやㅔ、ㅕの中にすでにㅓが入ってるので母音をそのまま使います
세요 強いです	
켜요 点けます	
마셔요 飲みます	ㅣとㅓを縮めて言うとㅕに近い音になるので縮めて言います
봐요 見ます・会います	
줘요 くれます・あげます	子音ㅇは音がないので아でもㅏでも同じこと。なのでㅇを抜いて母音をくっつけて縮めます。
돼요 なります	

가아…
가～
余計に伸ばしても
意味ないから
縮めちゃおう!

가다
行く

가아 ↑

가 < 요
行きます

세다
強い

세어
세の中に
すでにㅓがある
(ㅓ=어)

세 < 요
強いです

켜다
点ける

켜어
켜の中にすでにㅓがある
(ㅓ=어)

켜 < 요
点けます

ㅣ,어…
ㅣ,ㅓ…
もっと早く言うと
ㅕになる!

마시다
飲む

마셔어
ㅣとㅓをちぢめるとㅕ

마셔 < 요
飲みます

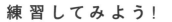

練習してみよう！

STEP 1 例にならい、以下の単語をヨ体にしてみましょう。 🔊 04-01

例 単語 자다 寝る → ヨ体 자요 寝ます

単語	ヨ体	単語	ヨ体
사다 買う	❶買います	**팔리다** 売れる	❷売れます
배우다 学ぶ	❸学びます	**가르치다** 教える	❹教えます
내리다 降りる・降る	❺降ります	**타다** 乗る	❻乗ります
그만두다 やめる	❼やめます	**다니다** 通う	❽通います
끝나다 終わる	❾終わります	**끝내다** 終える	❿終えます
버리다 捨てる	⓫捨てます	**보내다** 送る	⓬送ります
오다 来る	⓭来ます	**만나다** 会う	⓮会います
나오다 出てくる	⓯出てきます	**나가다** 出ていく	⓰出ていきます
싸다 安い	⓱安いです	**비싸다** (値段が)高い	⓲(値段が)高いです
걸리다 かかる	⓳かかります	**기다리다** 待つ	⓴待ちます

STEP 2　日本語の意味に合うように、下線部を韓国語にしてみましょう。　🔊 04-02

❶ ゴミを捨てます。

_____ 를 _____.

❷ 最近元気に過ごしています。

_____ 잘 _____.

❸ 情報を知らせます。

_____ 를 _____.

❹ 今日は早く寝ます。

_____ 은 일찍 _____.

❺ タクシーに乗ります。

_____ 를 _____.

> 韓国語では「〜に乗る」ではなく「〜を（를/을）乗る」と言うので助詞に注意！

STEP 3　次の日本語を韓国語に訳してみましょう。　🔊 04-03

❶ 日本に荷物を送ります。

_____

❷ 少しだけ待ってください。

_____

❸ 来月、仕事をやめます。

_____

❹ 最近どのように過ごしていますか?(元気にしていますか?)

_____

❺ 家から会社まで30分ぐらいかかります。

_____

 **STEP 4** 音声を聞きながらSTEP1～3の文を発音してみましょう。

JOOのひとこと

時期を表す単語はまとめて覚えておこう!

어제 (昨日)	오늘 (今日)	내일 (明日)
저번 달 (先月)	이번 달 (今月)	다음 달 (来月)
저번 주 (先週)	이번 주 (今週)	다음 주 (来週)
작년 (昨年)	올해 (今年)	내년 (来年)

語句

■잘:よく　■정보:情報　■쓰레기:ゴミ　■버리다:捨てる　■요즘(=요새):最近
■지내다:過ごす　■정보:情報　■새(=새로운):新しい　■알리다:知らせる
■오늘:今日　■일찍:早く　■자다:寝る　■택시:タクシー　■타다:乗る
■짐:荷物　■잠깐만:少しだけ、ちょっとだけ　■기다리다:待つ　■어떻게:どのように
■집:家　■~서(=부터):~から　■~까지:~まで　■분:分　■일:仕事
■회사:会社　■정도:くらい、程度

Answer

STEP 1

❶ 사요　❷ 팔려요　❸ 배워요　❹ 가르쳐요　❺ 내려요　❻ 타요

❼ 그만둬요　❽ 다녀요　❾ 끝나요　❿ 끝내요　⓫ 버려요

⓬ 보내요　⓭ 와요　⓮ 만나요　⓯ 나와요　⓰ 나가요

⓱ 싸요　⓲ 비싸요　⓳ 걸려요　⓴ 기다려요

---

 ①사다(買う)と⑰싸다(安い)の発音の違いがよくわからないよ!

 사다(買う)の発音は「サダ」で、싸다の発音は「ッサダ」のように「サ」を少し強めに発音しよう。

STEP 2

❶ 쓰레기、 버려요　❷ 요즘、 지내요　❸ 정보、 알려요

❹ 오늘、 자요　❺ 택시、 타요

---

 ④「早く」は일찍の代わりに빨리でもOK!

 ②요즘(最近)の代わりに、요새もよく使うよ。

STEP 3

❶ 일본에 짐을 보내요.　❷ 잠깐만 기다려요.

❸ 다음 달에 일을 그만둬요.　❹ 요즘 어떻게 지내요?

❺ 집에서(부터) 회사까지 30분정도 걸려요.

---

 ④다음 달에のように、時期に関する言葉は助詞에と一緒に使うことが多いよ。

顔が見たい…！

~したい

まずは下のテヒョンとハルの会話を読んでみましょう。❹の部分が今回のポイント表現です。空欄に当てはまる韓国語を予想してみてくださいね。

🔊 05 ．oll 🛜 🔋

혹시 괜찮으면 사진 보내 줄 수 있어요?①
もしよかったら写真送ってもらえませんか？

무슨 사진이요?
何の写真ですか？

하루씨 사진이요 ㅎㅎ
ハルさんの写真です笑

셀카가 아니라도 괜찮다면…
自撮りじゃなくてもよければ…

하루씨가 어떤 스타일인지②
ハルさんがどんなタイプなのか

❹ ＿＿＿＿＿＿＿
見たいです

네 ㅎㅎ 잠깐만요.
はい笑　ちょっと待ってください

뒷모습이라도 괜찮아요?
後ろ姿でもいいですか？

ハル

テヒョン

그럼요! 뭐든 좋아요!
もちろんです！　なんでもいいです！

ハル

テヒョン

会話のコツ

① 韓国では実際に対面する前に顔写真を交換しがち。自撮りする人も比較的多いです。

② スタイルは直訳で「スタイル」の意味だけど、韓国では「体型」ではなく、外見や全体的な雰囲気を意味します。体型を言いたい場合は몸매という言葉を使います。

答 え て み よ う 　│　Ⓐの日本語を韓国語にしてみましょう。正解は次のとおりです。

Ⓐ 見たいです
보고 싶어요

語 句

■**혹시 괜찮으면**：もしよかったら ➡ もっとていねいな言い方は**혹시 괜찮으시면**になる

■**사진**：写真　■**주다**：あげる、くれる　■**셀카**：セルフィー、自撮り　■**〜라도**：〜でも

■**어떤**：どんな　■**스타일（＝타입）**：タイプ　■**〜인지**：〜なのか　■**뒷모습**：後ろ姿

■**괜찮다**：大丈夫だ　■**그럼**：もちろん　■**뭐든**：なんでも

〜したいをマスター!

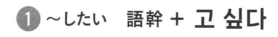

① 〜したい　語幹 + 고 싶다

「食べたい」「買いたい」など、「〜したい」と言いたい時は語幹に고 싶다を
つけます。ヨ体だと고 싶어요、ハムニダ体だと고 싶습니다になります。

語幹　고 싶다

보다

見る・会う

보　고 싶다

見たい・会いたい

これはパッチムの
ありなしとか、母音が
ㅏ、ㅗかどうかは
関係ないんだね!

語幹にそのまま
고 싶다をつければ
OKだよ

고も
忘れないでね

● 고 싶다の間違えやすいパターン

正しく使えるように、次の2つのパターンをチェックしておきましょう!

・고を抜いてしまう
　例 보 싶다 ✕

・고の後にスペースを空けずに
　싶다を書いてしまう
　例 보고싶다 ✕

日本人学習者は싶어요を[시뽀
요(シポヨ)]と発音しがち。[시
퍼요(シポヨ)]と正しく発音でき
ているかチェックしてみよう

練習してみよう!

STEP 1　日本語の意味に合う韓国語を選んでみましょう。　🔊 05-01

❶ 出発したいです。[　　]. ❷ 変えたいです。[　　].

❸ 忘れたいです。[　　]. ❹ 注文したいです。[　　].

❺ 売りたいです。[　　].

Ａ 바꾸고 싶어요　Ｂ 주문하고 싶어요　Ｃ 팔고 싶어요
Ｄ 잊고 싶어요　Ｅ 출발하고 싶어요

STEP 2　日本語の意味に合うように、下線部を韓国語にして みましょう。　🔊 05-02

❶ <u>うさぎ</u>が<u>飼いたいです</u>。

　　＿＿＿＿＿＿ 를 ＿＿＿＿＿ .

❷ <u>旦那</u>と<u>別れたいです</u>。

　　＿＿＿＿＿ 이랑 ＿＿＿＿＿ .

❸ <u>髪の毛</u>を<u>伸ばしたいです</u>。

　　＿＿＿＿＿ 를 ＿＿＿＿＿ .

❹ <u>靴下</u>を<u>脱ぎたいです</u>。

　　＿＿＿＿＿ 을 ＿＿＿＿＿ .

次の日本語を韓国語に訳してみましょう。　　🔊 05-03

❶ 甥を連れていきたいです。

_____

❷ おばあちゃんにプレゼントを差し上げたいです。

_____

❸ ビールを飲みたいです。

_____

❹ キンパを作りたいです。

_____

❺ 韓国語で話したいです。

_____

STEP 4　音声を聞きながらSTEP1〜3の文を発音してみましょう。

┌─────────┐
│ 語句 │
└─────────┘

■**출발하다**：出発する　■**바꾸다**：変える　■**잊다**：忘れる　■**주문하다**：注文する
■**팔다**：売る　■**토끼**：うさぎ　■**키우다**：育てる、飼う　■**남편**：旦那、主人
■**헤어지다**：別れる　■**머리**：髪の毛（**머리카락**）➡ 頭（髪の毛の意味では**머리카락**より**머리**を使う
ことのほうが多い）　■**기르다**：育てる、飼う、（髪の毛を）伸ばす　■**양말**：靴下　■**벗다**：脱ぐ
■**조카**：甥、姪　■**데리고 가다**：連れていく　■**할머니**：おばあさん　■**드리다**：差し上げる
■**선물**：プレゼント　■**맥주**：ビール　■**김밥**：キンパ　■**만들다**：作る
■**〜(으)로**：〜（手段）で　■**말하다**：話す・言う　■**고양이**：猫　■**바꾸다**：変える

A n s w e r

❶ E / 출발하고 싶어요 　❷ A / 바꾸고 싶어요
❸ D / 잊고 싶어요 　❹ B / 주문하고 싶어요 　❺ C / 팔고 싶어요

---

②お店でメニューを変えたい時や焼肉屋さんで網を交換したい時、商品を交換したい時などで使える表現だよ!

❶ 토끼、키우고 싶어요 　❷ 남편、헤어지고 싶어요
❸ 머리、기르고 싶어요 　❹ 양말、벗고 싶어요

STEP 3

❶ 조카를 데리고 가고 싶어요.
❷ 할머니한테(에게、께) 선물을 드리고 싶어요.
❸ 맥주를 마시고 싶어요. 　❹ 김밥을 만들고 싶어요.
❺ 한국말(한국어)로 말하고 싶어요.

韓国では甥も姪も조카と言うんだ。

JOOのひとこと

万들다は「作る」以外にも「造る、生み出す、儲ける、引き起こす」のようなニュアンスもある。いろいろ使える動詞なんだ。

例 요리를 만들다 　料理を作る
　몸을 만들다 　体を作る(鍛える)
　피와 땀으로 만든 결과 　血と汗で作り上げた結果

あなたはどんな人？

ほぼ毎日、少しずつ会話を重ねながら仲良くなっていくハルとテヒョン。共通点が多く、会話が弾むことも多く……「テヒョンとアプリで話すの、楽しいな」

この章のポイント

この章で紹介するのは、「〜が好きだ」、「〜ができる」（可能）、「〜してもいい」（許可）、「〜してください」（依頼）など、日常会話で欠かせない表現ばかりです。これらを身につけると、伝えられることがグンと増えます！

何が好き？

〜が好きだ、〜ができる

まずは下のテヒョンとハルの会話を読んでみましょう。Ⓐ、Ⓑの部分が今回の
ポイント表現です。空欄に当てはまる韓国語を予想してみてくださいね。

◀)) 06

대현씨는 Ⓐ_____?
テヒョンさんは映画(が)好きですか？
ハル

테히ョン

영화는 잘 안 보는데
映画はあまり見ないですが、

일본 드라마는 자주 봐요 ㅎㅎ
日本のドラマはよく見ます笑

ハル

그래요?
そうですか？

한국에서도 Ⓑ_____?
韓国でも日本のドラマ(が)見られますか？

テヒョン

그럼요! 일본 드라마에 빠졌어요!
もちろんです！　日本のドラマにハマってます！

전 한국 드라마만 봐요 ㅋㅋ
私は韓国ドラマだけ見ます笑
ハル

テヒョン

어떤 장르를 주로 봐요?
どんなジャンルをよく見てるんですか？

전 로맨틱 코미디요!
私はラブコメディです！

울고 웃을 수 있는 드라마가 좋아요 ㅎㅎ
泣けて笑えるドラマが好きです笑

로코 재밌죠!
ラブコメ、おもしろいですよね！

答えてみよう ┃ Ⓐ、Ⓑの日本語を韓国語にしてみましょう。正解は次のとおりです。

Ⓐ 映画（が）好きですか
　영화 좋아해요

Ⓑ 日本のドラマ（が）見られますか
　일본 드라마 볼 수 있어요

映画やドラマのジャンルついて話すこともあるよね！ 同じ英語を使っても、日本語とは少し言い方が違う表現も多いので、いろいろなジャンルを韓国語でどういうのか先にチェックしておこう！

例 액션　アクション　　　　사극　時代劇

語句

■**영화**：映画　■**드라마**：ドラマ　■**잘**：よく、よろしく　■**보다**：見る

■**자주**：よく、頻繁に　■**빠지다**：ハマる　■**~만**：～だけ、ばかり　■**장르**：ジャンル

■**로맨틱 코미디** ラブコメディ ➡ 縮めて**로코**と言う

■**울다**：泣く　■**웃다**：笑う

■**재미있다**：おもしろい ➡ 縮めて**재밌다**と言う

～が好きだ、～ができるをマスター!

①　～が好きだ
名詞 + 를/을 좋아하다

좋아하다（好きだ）を使って自分の好きなことを言ってみましょう。名詞の最後にパッチムがない場合は를を、パッチムがある場合は을をつけて좋아하다と言います。

 発音のコツは좋をチョとジョの間の音にすること!

②　～ができる・できない
語幹 + ㄹ/을 수 있다・語幹 + ㄹ/을 수 없다

可能・不可能の表現は-ㄹ/을 수 있다、-ㄹ/을 수 없다を使います。수の意味は考えずに、수 있다、수 없다という形で丸ごと覚えましょう。接続のしかたはパッチムのある、なしで形が変わります。

● パッチムがない → 語幹 + ㄹ 수 있다、없다
● パッチムがある → 語幹 + 을 수 있다、없다

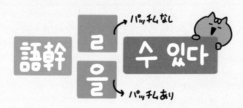

●「〜が好きだ」と「〜ができる」は助詞に注意!

日本語では「〜が好きです」「〜ができます」と言うので、助詞가/이 (が) を使いたくなると思いますが、これは不自然。韓国語では「〜を好きです」「〜をできます」のように、助詞를/을 (を) を使います。

例 韓国語が話せます。

✕ 한국어가 말할 수 있어요.

○ 한국어를 말할 수 있어요.

例 映画が好きです。

✕ 영화가 좋아해요.

○ 영화를 좋아해요.

このように日本語と助詞の使い方が違う単語はほかにもいくつかあります。まとめて覚えておきましょう。これだけ知っていれば、日常会話は問題なし!

〜를/을 모르다　〜がわからない　　〜를/을 알다　〜がわかる

〜를/을 타다　〜に乗る　　　　〜를/을 만나다　〜に会う

JOOのひとこと

ネイティブは助詞を省略することがほとんどなので、迷う時は思いきって助詞を使わないのもありです!

例 昨日友だちに会ったよ。

어제 친구를 만났어. →어제 친굻 만났어.

↑助詞を省く

練習してみよう！

STEP 1
日本語の意味に合うように、以下の語句から正しい
韓国語を選びましょう。　🔊 06-01

❶ 犬が好きです。

강아지 _____ .

❷ 英語で案内できます。

영어 _____ .

❸ パンはあまり好きではありません。

빵 _____ .

❹ すぐには片づけられません。

빨리 _____ .

❺ 飲み会に行けます。

술자리 _____ .

A 에 갈 수 있어요　**B** 로 안내할 수 있어요
C 정리할 수 없어요　**D** 은 별로 안 좋아해요　**E** 를 좋아해요

STEP 2 日本語の意味に合うように、下線部を韓国語にして ◀») 06-02
みましょう。

❶ おじいちゃんの家に一人で訪ねることができます。

할아버지 댁＿＿＿＿＿＿ 혼자 ＿＿＿＿＿＿ .

❷ お肉が好きです。

고기 ＿＿＿＿＿＿ .

❸ 中国語で予約することができます。

중국어 ＿＿＿＿＿＿＿＿＿＿＿ .

❹ 運動が好きです。

＿＿＿＿＿＿ 을 ＿＿＿＿＿＿ .

❺ お客さんたちを集めることができますか?

손님들 ＿＿＿＿＿＿＿＿＿＿ ?

STEP 3 次の日本語を韓国語に訳してみましょう。 ◀») 06-03

❶ 今ちょっと手伝ってくれますか?

＿＿＿＿＿＿＿＿＿＿＿＿＿＿＿＿＿＿

❷ 私は美術館が好きです。

＿＿＿＿＿＿＿＿＿＿＿＿＿＿＿＿＿＿

❸ お酒は飲めません。

_____

❹ 水曜日に遊べますか?

_____

❺ 蛇は触れません。

_____

STEP 4　音声を聞きながらSTEP1〜3の文を発音してみましょう。

じょ〜ず

語句

■**강아지**：犬　■**영어**：英語　■**안내하다**：案内する　■**빵**：パン　■**빨리**：早く
■**정리하다**：整理する、片づける　■**술자리**：飲み会　■**할아버지**：おじいちゃん　■**댁**：お宅
■**혼자**：一人で(혼자서)、一人　■**찾아가다**：訪ねる　■**고기**：肉　■**중국어**：中国語
■**설명하다**：説明する　■**운동**：運動　■**손님**：お客様　■**〜들**：〜達
■**모으다**：集める、貯める　■**지금**：今　■**도와주다**：手伝う　■**미술관**：美術館
■**술**：お酒　■**수요일**：水曜日　■**별로**：あまり　■**놀다**：遊ぶ　■**뱀**：蛇　■**만지다**：触る

Answer

STEP 1

❶ E / 를 좋아해요　❷ B / 로 안내할 수 있어요
❸ D / 은 별로 안 좋아해요　❹ C / 정리할 수 없어요
❺ A / 에 갈 수 있어요

STEP 2

❶ 에、찾아갈 수 있어요　❷ 를 좋아해요　❸ 로 예약할 수 있어요
❹ 운동、좋아해요　❺ 을 모을 수 있어요

---

 ④運動の中でも筋トレを表す言葉には웨이트 트레이닝（ウェイトトレーニング）、근력 운동（筋力運動）、헬스（ヘルス）があるよ。

STEP 3

❶ 지금 좀 도와 줄 수 있어요？　❷ 저는 미술관을 좋아해요.
❸ 술은 마실 수 없어요.　❹ 수요일에 놀 수 있어요？
❺ 뱀은 만질 수 없어요.

 -수 없다はscene10に出てくる못〜の表現と同じなんだ。詳しくは86ページを参考にしてね!

JOOのひとこと

「彼に手伝ってもらう」のように、「〜に〜をしてもらう」と言いたい時は直訳せずに、「〜が〜をしてくれる」と言うとネイティブっぽい！ 「〜してもらえますか?」も直訳せずに次のように言おう。

〜줄 수 있어요? 〜してくれることってできますか?

なんて呼べばいいかな?

～してもいい、～しないで

まずは下のテヒョンとハルの会話を読んでみましょう。Ⓐ、Ⓑの部分が今回の
ポイント表現です。空欄に当てはまる韓国語を予想してみてくださいね。

テヒョン

하루씨는 나이가 어떻게 되세요? ①
ハルさんはおいくつですか?

ハル

전 25살이요 ㅎㅎ
私は25歳です笑

テヒョン
그럼 제가 오빠네요!
じゃあ、僕のほうが年上ですね!

전 29살이에요
僕は29歳です

ハル

그렇구나!
そうなんですね!

Ⓐ  ?
オッパって呼んでもいいですか?

テヒョン

물론이죠!
もちろんです!

그게 더 좋아요!
むしろ、そうしてください!

아직 오빠라는 말이 조금
まだオッパって言うのは

어색하네요 ㅋㅋ
慣れないですね笑

이제 **❸**_____ ㅋㅋ
これからはテヒョンさんて呼ばないでくださいね笑

네! 대현오빠 ㅎㅎ
はい！　テヒョンオッパ笑

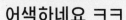

会話のコツ

① 23ページでも紹介したように、年齢、電話番号、住所のようにストレートで聞きにくいことは、○○○（聞きたい項目）어떻게 되세요で遠回しに聞くことができます。ていねいでとても便利なフレーズです。

答 え て み よ う　|　❹、❺の日本語を韓国語にしてみましょう。正解は次のとおりです。

❹ オッパって呼んでもいいですか
오빠라고 불러도 돼요

❺ テヒョンさんって呼ばないでください
대현씨라고 부르지 마세요

語句

■**나이**：年齢　■**살**：歳
■**～(이)요**：～です ➡ 예요/이에요の略で、答える時は～(이)요を使う時が多い
■**그럼**：では、じゃあ　■**오빠**：(女性から見た)お兄さん　■**～네요**：～ですね　■**라고**：～と
■**부르다**：呼ぶ　■**물론이죠**：もちろんです(=그럼요)　■**그게**：それが、そのほうが
■**더**：もっと　■**아직**：まだ　■**～라는**：～라고 하는＋名詞の略。「～라고 하다(～という)」の語幹に連体形는がついた形 ➡「～という言葉」は～라고 하는 말(=～라는 말)
■**어색하다**：気まずい　■**이제**：これから、もう

Chapter2　あなたはどんな人？

～してもいい、～しないでをマスター！

① ～してもいい　아/어形 + 도 되다

「～してもいい」という許可や承諾を表す時の表現です。動詞を아/어形にして도 되다をくっつけます。

아/어形 도 되다

부르다
呼ぶ

불러

불러 도 되다
呼んでもいいです

> 아/어形にしてから
> くっつけるやり方が多い
> んだね。아/어形をしっか
> りマスターしなきゃ！

●便利に使える괜찮다

ネイティブは되다の代わりに괜찮다（大丈夫だ）を使って許可や承諾を表すことも多いです。

例 오빠라고 불러도 괜찮아요.　オッパって呼んでも大丈夫です。

2 ～しないで　語幹 + 지 말다

울지 마（泣かないで）、가지 마（行かないで）など、ドラマでたくさん出てくる表現！タメ口では-지 마、ていねいに言う時は-지 마세요と言います。

コンサート会場や美術館などオフィシャルなところでよく見る表現だね

そう！案内板などに～지 마세요（～しないでください）という表現があるからチェックしてみてね！

JOOのひとこと

韓国では相手が1歳でも年上なら呼び方が変わるんだ。日本みたいに「～さん」（～씨）と呼ぶこともあるけど、それだとちょっと距離を感じちゃうんだよね。年上とちょっと仲良くなってきたらこの言葉を使おう！

	年上の男性	年上の女性
男性から見て	형（お兄さん）	누나（お姉さん）
女性から見て	오빠（お兄さん）	언니（お姉さん）

ポイントは「性別」。呼ぶ側と呼ばれる側の性別によって使い分けよう！

練習してみよう！

STEP 1 日本語の意味に合うように、以下の語句から正しい 🔊 07-01
韓国語を選びましょう。

❶ バスでコーヒーを飲まないでください。

버스에서 커피를 _____ .

❷ 今お母さんに電話してもいいですか？

지금 엄마한테 _____ ?

❸ 授業時間に寝ないでください。

수업 시간에 _____ .

❹ ペンで書いてもいいですか？

펜으로 _____ ?

❺ 少し休んでもいいです。

조금 _____ .

🅐 마시지 마세요　🅑 써도 돼요
🅒 자지 마세요　🅓 전화해도 돼요　🅔 쉬어도 돼요

ちょっと
カンニング

STEP 2　日本語の意味に合うように、下線部を韓国語にしてみましょう。　◀🔊 07-02

❶ 後で連絡してもいいですか？

나중에 ＿＿＿＿＿＿＿＿＿ ?

❷ 手で触らないでください。

＿＿＿＿＿ 으로 ＿＿＿＿＿ .

❸ 会社の同僚も招待してもいいです。

＿＿＿＿＿ 동료도 ＿＿＿＿＿ .

❹ 勝手に決めてもいいですか？

마음대로 ＿＿＿＿＿＿＿＿＿ ?

❺ もう食べてもいいですか？

이제 ＿＿＿＿＿＿＿＿＿ ?

STEP 3　次の日本語を韓国語に訳してみましょう。　◀🔊 07-03

❶ ペットを連れていってもいいですか？

＿＿＿＿＿＿＿＿＿＿＿＿＿＿＿

❷ このトイレは使わないでください。

＿＿＿＿＿＿＿＿＿＿＿＿＿＿＿

❸ 屋上に上がっても大丈夫です。

_____

❹ 出前を頼まないでください。

_____

❺ そこで寝てもいいです。

_____

> **STEP 4** 音声を聞きながらSTEP1～3の文を発音してみましょう。

┃**語 句**┃

■**버스**：バス　■**~서(=에서)**：～で　■**커피**：コーヒー　■**엄마**：お母さん

■**~한테(=에게)**：～に　■**전화하다**：電話する　■**수업**：授業　■**펜**：ペン

■**쓰다**：書く　■**조금**：少し　■**쉬다**：休む　■**나중에**：後で　■**연락하다**：連絡する

■**손**：手　■**만지다**：触る　■**회사**：会社　■**동료**：同僚　■**초대하다**：招待する

■**마음대로**：勝手に　■**정하다**：決める

■**반려동물**：ペット(=펫) ➡ 伴侶動物と書いてペットという意味　■**데리고 가다**：連れていく

■**화장실**：トイレ　■**쓰다**：使う　■**옥상**：屋上　■**올라가다**：上がる

■**배달**：出前、配達　■**시키다**：頼む、注文する　■**시간**：時間　■**여기**：ここ

■**거기**：そこ　■**자다**：寝る

Answer

STEP 1

❶ A / 마시지 마세요　❷ D / 전화해도 돼요
❸ C / 자지 마세요　❹ B / 써도 돼요　❺ E / 쉬어도 돼요

STEP 2

❶ 연락해도 돼요　❷ 손、만지지 마세요
❸ 회사、초대해도 돼요　❹ 정해도 돼요　❺ 먹어도 돼요

 동료는 日本語の「同僚」と発音が似てて
覚えやすいね!

STEP 3

❶ 반려동물을 데리고 가도 돼요?
❷ 이 화장실은 이용하지 마세요.
❸ 옥상에 올라가도 괜찮아요.　❹ 배달을 시키지 마세요.
❺ 거기서 자도 돼요

 韓国のモッパン(먹방먹는 방송=「食べる番組」の略)を見るとよく出前
を頼んでいるイメージがあるけど、本当によく頼むの?

 そうだね。特にチキンが多いかな。よく使う出前アプリは「배달의 민족ペ
ダルミンゾク(配達の民族)」。Uber Eatsのようなアプリだよ。

 いいこと聞いた!　韓国旅行に行ったら使ってみよう。

Chapter 2　あなたはどんな人?

今何してるの?

~している、~しなければならない

まずは下のテヒョンとハルの会話を読んでみましょう。Ⓐ、Ⓑの部分が今回の
ポイント表現です。空欄に当てはまる韓国語を予想してみてくださいね。

08

지금 Ⓐ _____?
今何してますか?

ハル

テヒョン

회사에서 일하고 있어요 ㅠㅠ
会社で仕事してます泣

ハル

네? 아직도 회사예요?
はい? まだ会社ですか?

지금 밤 10시인데!
今、夜10時なんですけど!

テヒョン

네 ㅠㅠ
はい泣

내일 중요한 회의가 있어서요…
明日大事な会議があって…

바빠서 어떡해요!①
忙しくて大変ですね!

ハル

テヒョン

그러게요.
ですね。

Ⓑ _____
この仕事は明日までに絶対終わらせないといけなくて

아이고② ㅠㅠ 무리하지 마세요!
あらま泣　無理しないでくださいね！

 ハル

 テヒョン

네! 또 연락할게요!
はい！　また連絡しますね！

会話のコツ

① 「〜して大変ですね」と相手の話に共感する時は、〜서 어떡해요（〜して どうしましょう）という表現をよく使います。

例 아파서 어떡해요. 具合が悪くて大変ですね。

② 韓国人がよく使う感嘆詞の一つで、良い時も悪い時も使える万能表現。 リアクションに迷ったらひとまず使ってみましょう。 何かをもらってうれしい時に使えば「あらま〜（こんなものをいただいてもい いんですか。なんかすみません）」のようなニュアンスです。

Chapter2　あなたはどんな人？

答 え て み よ う ｜ Ⓐ、Ⓑの日本語を韓国語にしてみましょう。 正解は次のとおりです。

Ⓐ 何してますか
뭐 하고 있어요

Ⓑ この仕事は明日までに絶対終わらせないといけなくて
이 일은 내일까지 꼭 해야 돼요

「絶対」と言いたい時は肯定文なのか否定文なのかチェックしましょう。 肯定文の場合は꼭を、否定文の場合は절대を使います。

語句

■**지금**：今　■**회사**：会社　■**일하다**：仕事する　■**아직도(=아직)**：まだ　■**밤**：夜

■**〜시**：〜時　■**내일**：明日　■**중요하다**：大事だ、重要だ　■**회의**：会議　■**바쁘다**：忙しい

■**어떡하다**：どうする　■**그러다**：そうだ　■**〜까지**：〜まで　■**꼭**：絶対、必ず、ぜひ

■**아이고**：あらま　■**무리하다**：無理する　■**또**：また　■**연락하다**：連絡する

69

～している、～しなければならないをマスター！

① ～している
語幹 + 고 있다、아/어形 + 있다

「食べています」のような、「～している」を意味する表現は2つあります。使い分けのポイントは、「動作」が進行しているのか、「状態」が継続しているのか、です。

● ある「動作」を進行している場合

→語幹 + 고 있다

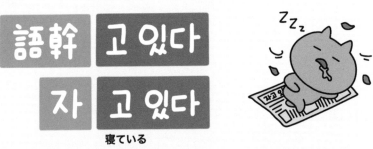

寝ている

● 動作が終わった後のある「状態」が継続している場合

→아/어形 + 있다

座っている

●ニュアンスの違いを見てみよう

もう少し違いを見てみましょう。たとえば、「韓国に行っています」という場合、どちらの表現を使うかによってニュアンスが変わります。

例 **한국에 가고 있어요.**

今ちょうど韓国に向かってる最中であることを伝える場合は、語幹＋고 있다を使います。韓国に向かうという「動作」が進行しているためです。

例 **한국에 가 있어요.**

すでに韓国に到着し、今韓国にいるという状態を伝えるなら아/어形＋있다を使います。韓国に向かった「動作」が終了し、韓国にいる「状態」が続いているためです。

---

② ～しなければならない
아/어形 + 야 되다/하다

「～しなければならない」という義務を表す表現です。아/어形＋야 되다、아/어形＋야 하다どちらも同じ意味でよく使われます。

> 日本人学習者のみなさんからは、よく야の意味を聞かれるのですが、ここでは야だけの意味を追求するより、「야 되다」または「야 하다」という形で丸ごと覚えてしまいましょう！

아/어形 〈 야 되다

닫다
閉める

닫아

닫아 〈 야 되다
閉めないといけない

練習してみよう！

STEP 1 日本語の意味に合うように、以下の語句から正しい 韓国語を選びましょう。 🔊 08-01

❶ プレゼントを選んでいます。

선물을 ＿＿＿＿＿＿＿＿＿＿＿ .

❷ 本を読んでいます。

책을 ＿＿＿＿＿＿＿＿＿＿＿ .

❸ 今日までに掃除機を直さなければなりません。

오늘까지 청소기를 ＿＿＿＿＿＿＿＿＿＿＿ .

❹ 歌を練習しています。

노래를 ＿＿＿＿＿＿＿＿＿＿＿ .

❺ 必ず今回の試合は勝たないといけません。

반드시 이번 시합은 ＿＿＿＿＿＿＿＿＿＿＿ .

> **A** 연습하고 있어요　**B** 고쳐야 해요 (돼요)
> **C** 이겨야 돼요 (해요)　**D** 고르고 있어요　**E** 읽고 있어요

STEP 2 日本語の意味に合うように、下線部を韓国語にして みましょう。 🔊 08-02

❶ 今運転しています。

지금 ＿＿＿＿＿＿ .

72

❷差別はなくならないといけません。

　　_____ 은 _____ .

❸服を見ています。

　　_____ 을 _____ .

❹明日までに売らないといけません。

　　_____ 까지 _____ .

❺バイクの運転は自動車よりもっと気をつけないといけません。

　　_____ 운전은 자동차보다 더 _____ .

STEP 3　次の日本語を韓国語に訳してみましょう。　🔊⑴ 08-03

❶明日(の)朝出勤しないといけません。

　　_____

❷観光地を探しています。

　　_____

❸次で降りないといけません。

　　_____

❹ お金を貯めないといけません。

_____

❺ 最近、韓国語を学んでいます。

_____

STEP 4　音声を聞きながらSTEP1〜3の文を発音してみましょう。

JOOのひとこと

二重パッチムは大体左側を読むけど、ㄹㄱ、ㄹㅁ、ㄹㅍの場合は例外で右側のほうを読むんだ。例外は覚えておこう!

例 읽다 (読む)　○[익따]　✕[일다]

・ただし、後ろにㄱが続く場合は左側も読むので注意しよう!

例 읽고 있어요 (読んでいます)　○[일꼬]　✕[익고]

・ㅇが続く時も左側から読み、右側は連音化するよ。

例 읽어요 (読みます)　○[일거요]　✕[익어요]

語句

■**선물**：プレゼント　■**고르다**：選ぶ　■**책**：本　■**읽다**：読む　■**오늘**：今日
■**〜까지**：〜まで　■**구경하다**：見物する　➡ 「見る」で訳されることが多く、買い物のシーンなどでよく使われる　■**청소기**：掃除機　■**고치다**：直す　■**노래**：歌
■**연습하다**：練習する　■**반드시**：必ず　■**이번**：今回　■**시합**：試合　■**이기다**：勝つ
■**운전하다**：運転する　■**차별**：差別　■**없어지다**：なくなる　■**옷**：服　■**내일**：明日
■**팔다**：売る　■**오토바이**：バイク　■**자동차**：自動車　■**조심하다**：気をつける
■**아침**：朝 ➡ **아침에**のように에をつけて使うことが多い　■**출근하다**：出勤する
■**관광지**：観光地　■**찾다**：探す　■**다음**：次　■**내리다**：降りる
■**요즘(=요새)**：最近　■**모으다**：集める、貯める　■**배우다**：学ぶ

Answer

STEP 1

❶ D / 고르고 있어요　❷ E / 읽고 있어요
❸ B / 고쳐야 해요 (돼요)　❹ A / 연습하고 있어요
❺ C / 이겨야 돼요 (해요)

STEP 2

❶ 운전하고 있어요　❷ 차별、없어져야 돼요 (해요)
❸ 옷、구경하고 있어요　❹ 내일、팔아야 해요 (돼요)
❺ 오토바이、조심해야 돼요 (해요)

 日本語の「別」は韓国語だと별。韓国語も漢字語がたくさんあるから、漢字の「別」で覚えるとわかりやすいよ。
　　例 별장(別荘)　특별(特別)　별관(別館)

STEP 3

❶ 내일 아침에 출근해야 돼요 (해요).　❷ 관광지를 찾고 있어요.
❸ 다음에 내려야 해요 (돼요).　❹ 돈을 모아야 돼요 (해요).
❺ 요즘 한국어를 배우고 있어요.

----

 ①출근(出勤)の反対語は퇴근(退勤)。ちなみに등교(登校)、하교(下校)も覚えておこう。

間違っても
いいとー

どういう意味ですか？

敬語表現、〜してください

まずは下のテヒョンとハルの会話を読んでみましょう。Ⓐ、Ⓑの部分が今回の
ポイント表現です。空欄に当てはまる韓国語を予想してみてくださいね。

🔊 09-01

テヒョン

> **지금 병원에 왔어요 ㅠㅠ**
> 今病院に来ています泣

> **대현씨 어디 아파요?**
> テヒョンさん、どこか体調が悪いんですか？
>
> **ハル**

テヒョン

> **아뇨. 전 괜찮은데**
> いや。僕は大丈夫なんだけど
>
> Ⓐ_____ ㅠㅠ ①
> 母が体調が悪いです泣

> **아프세요…?　무슨 의미예요?**
> アプセヨ…？　（それって）どういう意味ですか？
>
> Ⓑ_____ ㅠㅠ
> 教えてください泣
>
> **ハル**

テヒョン

> **아! 어머니가 '아파요'**
> あ！　母が「体調が悪いんです」

> **어머 ㅠㅠ　괜찮아요?**
> あらま泣　大丈夫ですか？

テヒョン

생각보다 심해서 어쩌면 입원해야
思ったよりひどくて、もしかすると入院しないと

할지도 몰라요
いけないかもしれません

입원이라고요?
入院ですって?

ハル

答えてみよう ｜ Ⓐ、Ⓑの日本語を韓国語にしてみましょう。
正解は次のとおりです。

Ⓐ 母が体調が悪いです
어머니가 아프세요①

会話のコツ

① 「儒教の国」とも言われる韓国では年上の人に敬語を使うのが当たり前。特に日本と違うところは身内でも自分より年上なら敬語を使います。たとえば、自分の親のことを言う時や、会社で取引相手に自分の上司や社長のことを言ったりする時も敬語を使います。とりあえず、目上の人には敬語を使う! このことを覚えておきましょう。

Ⓑ 教えてください
가르쳐 주세요

語句

■**병원**：病院　■**오다**：来る　■**무슨**：何の　■**아프다**：体調が悪い、痛い　■**의미**：意味
■**가르치다**：教える　■**어머**：あらま ➡ 女性がよく使う感嘆詞　■**생각보다**：思ったより
■**심하다**：ひどい　■**어쩌면**：もしかすると　■**입원**：入院
■**語幹＋ㄹ/을지도 모르다**：〜かもしれない　■**〜(이)라고요?**：〜ですって?

敬語表現、〜してくださいをマスター!

① 〜されます　語幹 + (으)세요

目上の人に対してなど、相手の動作をていねいに言いたい時の敬語表現。
語幹の最後にパッチムがない時は세요を、パッチムがある時は으세요をつ
けます。

타 세요
↳ お乗りになります
↳ パッチムなし

괜찮 으세요
↳ 大丈夫でいらっしゃいます
↳ パッチムあり

먼저 타세요
先に お乗りください
(= 先にどうぞ)

괜찮으세요?
大丈夫ですか?

日本語でも「いる」を「いらっしゃる」と言ったり、「言う」を「申し上げる」と
言ったりしますよね?　それと同じように、韓国語にも尊敬や謙譲の意味を
含む単語があります。よく使う単語をピックアップしてみました。

尊敬語	
있다 (いる)	계시다 (いらっしゃる)
먹다 (食べる、飲む)	드시다 (召し上がる)

謙譲語	
주다 (あげる)	드리다 (差し上げる)
말하다 (話す)	말씀드리다 (申し上げる)

❷ ～してください　아/어形 + 주세요

ていねいに依頼する時に使う表現です。動詞を아/어形にして、주세요をくっつけます。

가르치다
教える

가르쳐

가르쳐 ＜ 주세요
教えてください

● 名詞＋주세요だと意味が変わる!

名詞に주세요をつけると「〇〇(名詞)をください」という意味になってしまいます。これは주다(くれる)に세요がついた敬語表現なのです。

例 비빔밥 주세요.　ビビンバください。

╭─ **JOOのひとこと** ─╮

가세요と가 주세요は似ているけど全然違います。たとえば、タクシーに乗って「明洞に行ってください」と言う場合、가세요だと尊敬表現になり間違い。「～してください」とお願いする場合は、②の動詞아/어形＋주세요が正解!

例 가세요　→「行きなさい」に近いニュアンス

가 주세　→「行ってください」に近いニュアンス
　　　　　　お願いする時によく使われる

STEP 1　日本語の意味に合うように、以下の語句から正しい
韓国語を選びましょう。　🔊 09-01

❶ これちょっと<u>貸してください</u>。

이거 좀 _____ .

これ、めっちゃ
使えそう!

❷ チケットを<u>持ってきてください</u>。

티켓을 _____ .

❸ ここにお名前を<u>書いてください</u>。

여기에 성함을 _____ .

❹ ゴミを<u>捨ててください</u>。

쓰레기를 _____ .

❺ 携帯(の電源を)<u>消してください</u>。

핸드폰을 _____ .

Ⓐ 가져오세요　Ⓑ 빌려주세요　Ⓒ 적으세요
Ⓓ 꺼 주세요　Ⓔ 버려 주세요

(으)세요の代わりに(으)십니다(〜されます)、
(으)십시오(〜してください)をつけると、
もっとかしこまったニュアンスになるよ

STEP 2 日本語の意味に合うように、下線部を韓国語にしてみましょう。 🔊 09-02

❶ こちらへ座ってください。

여기 ＿＿＿＿＿＿＿＿＿ .

❷ 先に降りてください。

먼저 ＿＿＿＿＿＿＿＿＿ .

❸ 規則に従ってください。

규칙에 ＿＿＿＿＿＿＿＿＿ .

❹ もうちょっと見せてください。

좀 더 ＿＿＿＿＿＿＿＿＿ .

❺ 窓を閉めてください。

＿＿＿＿＿＿＿ 을 ＿＿＿＿＿＿ .

①、②は語幹＋(으)세요を使って、③〜⑤は아/어形＋주세요を使ってみよう!

STEP 3 次の日本語を韓国語に訳してみましょう。 🔊 09-03

❶ 手を洗ってください。

＿＿＿＿＿＿＿＿＿＿＿＿＿＿＿＿＿＿＿

❷ 先に行ってください (お先にどうぞ)。

＿＿＿＿＿＿＿＿＿＿＿＿＿＿＿＿＿＿＿

①～③は語幹+(으)세요を使って、④、⑤は
아/어形＋주세요を使ってみよう！

❸ スーツを着てください。

_____

❹ もう一度言ってください。

_____

❺ 位置を変えてください。

_____

STEP 4　音声を聞きながらSTEP1～3の文を発音してみましょう。

語句

■**좀**：ちょっと　■**빌려주다**：貸す　■**티켓**：チケット　■**가져오다**：持ってくる

■**성함**：お名前　■**적다**：書く(＝쓰다)、少ない　■**쓰레기**：ゴミ　■**버리다**：捨てる

■**핸드폰**：携帯、電話　■**끄다**：消す　■**앉다**：座る　■**내리다**：降りる　■**먼저**：先に

■**규칙**：規則　■**따르다**：従う　■**좀**：もうちょっと　■**보이다**：見える、見せる

■**창문**：窓　■**닫다**：閉める　■**손**：手　■**씻다**：洗う　■**들어가다**：入る

■**정장**：スーツ　■**입다**：着る　■**한 번 더**：もう一度　■**말하다**：話す、言う

■**위치**：位置　■**바꾸다**：変える

Answer

STEP 1

❶ B / 빌려주세요 ❷ A / 가져오세요 ❸ C / 적으세요
❹ E / 버려 주세요 ❺ D / 꺼 주세요

STEP 2

❶ 앉으세요 ❷ 내리세요 ❸ 따라 주세요
❹ 보여 주세요 ❺ 창문、닫아 주세요

-----

 ③～⑤のように아/어形＋주세요を使うと「お願い」するニュアンスになるよ。たとえば⑤で창문을 닫으세요と～세요を使ってしまうと、「窓を閉めなさい」というニュアンスになって失礼になるから要注意！

STEP 3

❶ 손을 씻으세요. ❷ 먼저 들어가세요. ❸ 정장을 입으세요.
❹ 한 번 더 말해 주세요. ❺ 위치를 바꿔 주세요.

-----

 ②の먼저 들어가세요はドアを開けて、相手を先に促す時や、待ち合わせに遅れて相手に先にお店に入ってもらう時によく使うフレーズ。このように「先にどうぞ」と言う時は、語幹＋(으)세요のほうを使うよ！。

例 **먼저 내리세요.** 先に降りてください。
먼제 타세요. 先に乗ってください。
먼저 드세요. 先に召し上がってください。

タメ口で話しませんか?

〜しない、〜できない

まずは下のテヒョンとハルの会話を読んでみましょう。Ⓐ、Ⓑの部分が今回の
ポイント表現です。空欄に当てはまる韓国語を予想してみてくださいね。

🔊 10

하루씨 우리 편하게 말할까요?
ハルさん、私たちタメ口でラクに話しませんか?

저는 존댓말도 편한데…
私は敬語もラクなんだけどな…

존댓말이 편하다고요?
敬語がラクなんですか?

왜요? ㅋㅋ
どうしてですか? 笑

아...사실은 저
あ…じつは私

Ⓐ＿＿＿＿＿＿＿…ㅋㅋ
タメ口(が)苦手です…笑

하긴 외국어니까 어려울 수도 있겠다!
たしかに外国語だからむずかしいかもね!

맞아요! 그래도 노력해 볼게요!
そうなんです! でも努力してみます!

テヒョン

그럼 이제부터 ❸＿＿＿＿＿＿＿ 이

じゃこれからタメ口で話さない人が

밥 사 주는 건 어때? ㅋㅋ

ご飯おごるのはどう？ 笑

헐ㅠㅠ 알았어요! 오빠 ㅎㅎ

えっ泣　わかりました！　オッパ笑

ハル

答 え て み よ う ｜ Ⓐ、❸の日本語を韓国語にしてみましょう。
正解は次のとおりです。

Ⓐ タメ口（が）苦手です

반말 잘 못해요

❸ タメ口で話さない人

반말 안 하는 사람

＊안 반말하는 사람だと少し不自然。

JOOのひとこと

- 韓国の반말（タメ口）は아/어形（ヨ体の最後の요がない形）がほとんど。
- たとえば、「行くよ」という時は

가요（行きます）→ 가（行く）

> へ～、やっぱりヨ体を勉強することって大事なんだね

語句

■**편하게**：ラクに　■**존댓말**：敬語　■**편하다**：ラクだ　■**왜**：なぜ
■**사실은**：じつは（＝실은）　■**반말**：タメ口　■**반말하다**：タメ口で話す
■**잘 못하다**：上手ではない、苦手だ　■**하긴**：確かに　■**외국어**：外国語
■**어렵다**：むずかしい　■**맞다**：合う、そうだ　■**노력하다**：努力する　■**이제부터**：これから
■**밥**：ご飯　■**사 주다**：おごる　■**건**：ことは ➡ 것은の略（것은→거는→건）
■**어떻다**：どうだ　■**알다**：知る、わかる

85

～しない、～できないをマスター！

① ～しない、～ではない
안 + 動詞、形容詞（＝語幹 + 지 않다）

動詞や形容詞の前に안をつけると「～しない」という否定表現になります。
もう少しかしこまった表現をする時は語幹 + 지 않다を使います。

着ない

안　입다

입　지 않다

② ～できない
못 + 動詞（＝語幹 + 지 못하다）

動詞の前に못をつけると、「～できない」という不可能表現になります。もう
少しかしこまったニュアンスで言いたい時は、語幹 + 지 못하다を使います。

使えない

못　쓰다

쓰　지 못하다

안과 못、どっちがどっちだったか
わからなくなるんだよね～

안は英語のaren't (are not)に発音が似
ているから「否定」で覚えておこう！

●하다動詞は안、못の位置に気をつけよう!

운동하다（運動する）、요리하다（料理する）のように、名詞に하다がついた
動詞の場合、안、못は하다の直前に入れます。

例 料理しません

〇요리 안 해요　✕안 요리해요

例 料理できません

〇요리 못 해요　✕못 요리해요

ただし、「名詞＋하다」のような動詞と違い、깨끗하다（きれいだ）のように、
하다がつく形容詞の場合は하다までが1つの単語になり、하다の直前に
안を入れられません。ちなみに形容詞には不可能の表現ができないので、
そもそも못はつけられません。

例 きれいではない

〇안 깨끗해요

✕깨끗 안 해요 → 안は動詞、形容詞（깨끗해요）の前に
　　　　　　　　　　つけないといけない

> 안と못は動詞や形容詞の前に来るから、運動と요
> 리のような名詞の前には来られないんだね!

JOOのひとこと

「〜できない」を意味する表現には、못以外に-수 없다もあるよ。違いは못
が比較的に日常会話でよく使われるのに対し、-수 없다は少しかしこまったニ
ュアンスを持ち、会議やニュースなどのオフィシャルな場でよく使われると
いうこと。
たとえば、「明日(は)飲みに行けない」と言う時、내일 술자리에 갈 수 없
어と言うと、かしこまった感じになってちょっと不自然。日常会話では못を
使って、내일 술자리에 못 가 と言ったほうがネイティブっぽいよ!

> -수 없다については55ペー
> ジを参考にしてね!

> 確かに会話では短いほうがラクだもんね!
> 못って一文字で済むからラクちん〜♡

STEP 1　日本語の意味に合うように、以下の語句から正しい
韓国語を選びましょう。　🔊 10-01

❶ 今日は祝日なので学校に<u>行きません</u>。

오늘은 공휴일이라서 학교에 ＿＿＿＿＿＿＿＿＿ .

❷ コンサートで写真を<u>撮れません</u>。

콘서트에서 사진을 ＿＿＿＿＿＿＿＿＿ .

❸ きゅうりは<u>食べられません</u>。

오이는 ＿＿＿＿＿＿＿＿＿ .

오이의 대신에 苦手
な食べ物を入れて練
習してみよう！

❹ この靴は<u>履けません</u>。

이 구두는 ＿＿＿＿＿＿＿＿＿ .

❺ 講義が<u>終わりません</u>。

강의가 ＿＿＿＿＿＿＿＿＿ .

Ａ못 먹어요　Ｂ못 신어요　Ｃ안 가요　Ｄ못 찍어요
Ｅ안 끝나요

STEP 2　例にならい、次の単語を活用してみましょう。　 10-02

例

単語	안〜	〜지 않다	못〜	〜지 못하다
넣다 入れる	안 넣다 入れない	넣지 않다 入れない	못 넣다 入れられない	넣지 못하다 入れることができない

単語	안〜	〜지 않다	못〜	〜지 못하다
구하다 救う	❶	❷	❸	❹
깎다 削る	❺	❻	❼	❽
다니다 通う	❾	❿	⓫	⓬
돌아가다 帰る	⓭	⓮	⓯	⓰
대답하다 答える	⓱	⓲	⓳	⓴

　日本語の意味に合うように、下線部を韓国語にして　◀)) 10-03
みましょう。

❶ あのネックレスは高くて買えません。

　　　저 ＿＿＿＿＿＿ 는 비싸서 ＿＿＿＿＿ ．

❷ 田舎が好きで都会では住めません。

　　시골이 좋아서 ＿＿＿＿＿ 에서는 ＿＿＿＿＿ ．

❸ 昨日たくさん寝たので疲れていません。

　　＿＿＿＿＿＿ 많이 자서 ＿＿＿＿＿ ．

> とりあえず、先に
> 못か안を言っちゃ
> おう!

❹ 最近忙しくてニュースを見られないです。

　　＿＿＿＿＿＿ 바빠서 뉴스를 ＿＿＿＿＿ ．

❺ ワンピースはあまり着ません。

　　＿＿＿＿＿＿ 는 별로 ＿＿＿＿＿ ．

　音声を聞きながらSTEP1〜3の文を発音してみましょう。

語句

■**공휴일**：祝日　■**학교**：学校　■**콘서트**：コンサート　■**오이**：きゅうり
■**구두**：靴 ➡ **신발**は「履き物」すべてを表す言葉で、ヒールや革靴のような靴は**구두**と言う
■**강의**：講義　■**끝나다**：終わる　■**목걸이**：ネックレス　■**비싸다**：(値段が)高い
■**사다**：買う　■**시골**：田舎　■**도시**：都会　■**어제**：昨日　■**피곤하다**：疲れる
■**요즘 (=요새)**：最近　■**바쁘다**：忙しい　■**뉴스**：ニュース　■**원피스**：ワンピース
■**입다**：着る

Answer

STEP 1

❶ C / 안 가요　❷ D / 못 찍어요　❸ A / 못 먹어요
❹ B / 못 신어요　❺ E / 안 끝나요

STEP 2

❶ 안 구하다　❷ 구하지 않다　❸ 못 구하다　❹ 구하지 못하다
❺ 안 깎다　❻ 깎지 않다　❼ 못 깎다　❽ 깎지 못하다
❾ 안 다니다　❿ 다니지 않다　⓫ 못 다니다　⓬ 다니지 못하다
⓭ 안 돌아가다　⓮ 돌아가지 않다　⓯ 못 돌아가다
⓰ 돌아가지 못하다　⓱ 대답 안 하다　⓲ 대답하지 않다
⓳ 대답 못 하다　⓴ 대답하지 못하다

 안と-지 않다は「〜しない」、못と-지 못하다は「〜できない」だけど、それぞれどう使い分ければいいんだ?

 ポイントは「日常会話では短いほうを使う」ということだよ。だって使い勝手がいいもんね!　使い分けるとすると、こんな感じかな。

안、못 → 日常会話

지 않다、지 못하다 → 会議やニュースなど
　　　　　　　　　　　　　　（少しかしこまったニュアンス）

 なるほど!　ニュアンスの違いなんだね!

STEP 3

❶ 목걸이、못 사요　❷ 도시、못 살아요　❸ 어제、안 피곤해요
❹ 요즘、못 봐요　❺ 원피스、안 입어요

---

 ③피곤하다はこれ一つで丸ごと1つの形容詞だから、피곤 안 하다にはならないんだ!

Chapter
3

もっと
仲良くなりたい！

韓国人の友だちを作りたくてアプリに登録したハル
だが、だんだんテヒョンのことを異性として意識し始
めて……「これって脈アリ!?」

この章のポイント

この章では過去形が登場! さらに「人気のある曲」「おいしいお店」などのように、名詞をより詳しく説明する「連体形」という表現を学びます。連体形が使えるようになると、ハングルを読んでわかることがどんどん増えますよ!

韓国に来たことある？

過去形

まずは下のテヒョンとハルの会話を読んでみましょう。Ⓐ、Ⓑの部分が今回の
ポイント表現です。空欄に当てはまる韓国語を予想してみてくださいね。

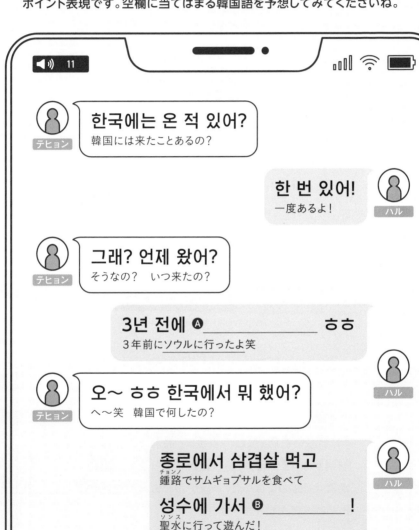

🔊 11

テヒョン
한국에는 온 적 있어?
韓国には来たことあるの？

ハル
한 번 있어!
一度あるよ！

テヒョン
그래? 언제 왔어?
そうなの？　いつ来たの？

ハル
3년 전에 Ⓐ＿＿＿＿＿＿＿ ㅎㅎ
3年前にソウルに行ったよ笑

テヒョン
오~ ㅎㅎ 한국에서 뭐 했어?
へ～笑　韓国で何したの？

ハル
종로에서 삼겹살 먹고
鍾路でサムギョプサルを食べて

성수에 가서 Ⓑ＿＿＿＿＿＿！
聖水に行って遊んだ！

나도 종로에 자주 가!
俺も鍾路によく行くよ！

다음에 맛집 소개해 줄게
今度おいしいお店紹介してあげるよ

맛집 궁금해!
おいしいお店って気になる！

종로엔 예쁜 가게도 많고
鍾路にはおしゃれなお店も多いし、

볼거리가 많이 있어서 너무 재미있었어!
見どころがたくさんあってとても楽しかったよ！

다음에 같이 가자!
今度一緒に行こう！

答 え て み よ う ｜ Ⓐ、Ⓑの日本語を韓国語にしてみましょう。
正解は次のとおりです。

Ⓐ ソウルに行った
서울에 갔어

Ⓑ 遊んだ
놀았어

語句

■**～에는：**～には。略して**～엔**と言う　■**-ㄹ/은 적 있다：**～したことがある（170ページ参照）
■**년：**年　■**전：**前　■**종로：**鍾路（地名）。20〜50代以上まで幅広い年齢層の人たちが集まる
人気の名所　■**삼겹살：**サムギョプサル　■**성수：**聖水（地名）。おもに20〜30代が多く、おしゃれ
なお店が多いホットプレイス　■**자주：**よく、頻繁に　■**다음에：**今度　■**맛집：**おいしいお店
■**소개하다：**紹介する　■**궁금하다：**気になる、知りたい　■**예쁘다：**きれいだ、おしゃれだ
■**가게：**店　■**볼거리：**見どころ　■**많이：**たくさん　■**같이：**一緒に　■**語幹＋자：**～しよう

過去形をマスター！

1 ～した、～だった　아/어形 ＋ 써어

動詞や形容詞などの아 / 어形に써어をつけると過去形になります。

2 ～しました、～でした　아/어形 ＋ 써어요

過去形の아 / 어形＋써어の最後に요をつけるとていねいな表現になります。

봤어요

見ました

만들었어요

作った

● 名詞＋過去形はどう言うの？

たとえば「旅行はどうだった？」と聞かれて、「楽しい旅行でした」などと答えることがあると思います。この「〇〇（名詞）＋でした」を韓国語で言う時に少しむずかしいと感じたことはありませんか？　これは過去形の作り方の法則から考えると複雑になるので、丸ごと覚えましょう！

> そうそう！　예요、이에요
> の過去形って苦手〜

	例	（名詞＋）だ・である 다 / 이다	（名詞＋）です 예요 / 이에요
現在形	パッチムなし 최고 （最高）	다 例 最高だ 최고다	예요 例 最高です 최고예요
	パッチムあり 여행 （旅行）	이다 例 旅行だ 여행이다	이에요 例 旅行です 여행이에요
	例	（名詞＋）だった 였어 / 이었어	（名詞＋）でした 였어요 / 이었어요
過去形	パッチムなし 최고 （最高）	였어 例 最高だった 최고였어	였어요 例 最高でした 최고였어요
	パッチムあり 여행 （旅行）	이었어 例 旅行だった 여행이었어	이었어요 例 旅行でした 여행이었어요

STEP 1　日本語の意味に合うように、以下の語句から正しい
　　　　 韓国語を選びましょう。　🔊 11-01

❶ 昨日の試験はむずかしかったです。

어제 시험은 ＿＿＿＿＿＿＿＿＿＿＿ .

❷ 釜山で生まれました。

부산에서 ＿＿＿＿＿＿＿＿＿＿＿ .

❸ 昨日の舞台は最高でした。

어제 무대는 ＿＿＿＿＿＿＿＿＿＿＿ .

> 推しのSNSにこの
> セリフでコメント
> つけてみよう
> かな！

❹ イヤフォンがなくなりました。

이어폰이 ＿＿＿＿＿＿＿＿＿＿＿ .

❺ 今日は休みでした。

오늘은 ＿＿＿＿＿＿＿＿＿＿＿ .

┌──────────────────────────────────┐
│ Ａ 최고였어요　Ｂ 없어졌어요　Ｃ 쉬는 날이었어요 │
│ Ｄ 태어났어요　Ｅ 어려웠어요 │
└──────────────────────────────────┘

できる
かもー！

STEP 2　日本語の意味に合うように、下線部を韓国語にして
みましょう。　🔊 11-02

❶ ようやく試合で勝ちました。

　드디어 ＿＿＿＿＿＿＿ 에서 ＿＿＿＿＿＿＿ .

❷ 以前この歌をよく聞いていました。

　＿＿＿＿＿＿＿ 이 노래를 ＿＿＿＿＿＿＿ .

❸ 朝早く起きました。

　＿＿＿＿＿＿＿ 일찍 ＿＿＿＿＿＿＿ .

❹ あの時は私が悪かったです。

　＿＿＿＿＿＿＿ 는 제가 ＿＿＿＿＿＿＿ .

❺ 去年日本を離れました。

　＿＿＿＿＿＿＿ 에 일본을 ＿＿＿＿＿＿＿ .

STEP 3　次の日本語を韓国語に訳してみましょう。　🔊 11-03

❶ さっき先生に挨拶しました。

＿＿＿＿＿＿＿＿＿＿＿＿＿＿＿＿＿＿＿＿＿＿＿＿＿＿＿＿

❷ 推しのコンサートのチケットを予約しました。

＿＿＿＿＿＿＿＿＿＿＿＿＿＿＿＿＿＿＿＿＿＿＿＿＿＿＿＿

❸ まぶしくてサングラスをかけました。

「目が眩しい」ことだから
눈(目)が入るんだね!

_____

❹ 友だちに充電器を借りました。

_____

❺ 昨日はちょっと疲れました。

_____

STEP 4 音声を聞きながらSTEP1～3の文を発音してみましょう。

┌─ **語 句** ─┐

■**어제**：昨日　■**시험**：テスト(試験)　■**어렵다**：むずかしい　■**부산**：釜山
■**태어나다**：生まれる　■**무대**：舞台　■**최고**：最高　■**이어폰**：イヤフォン
■**쉬는 날**：休日、休み　■**드디어**：やっと、ついに、いよいよ　■**시합**：試合
■**이기다**：勝つ　■**예전에**：以前　■**듣다**：聞く　■**일어나다**：起きる　■**아침**：朝
■**일찍**：早く　■**그때**：その時　■**잘못하다**：悪い、間違う　■**작년**：去年
■**떠나다**：離れる、発つ　■**아까**：さっき　■**선생님**：先生
■**~께**：~에게(~に)のていねいな言い方　■**인사하다**：挨拶する　■**최애**：推し
■**콘서트**：コンサート　■**티켓**：チケット　■**예매하다**：予約購入する、事前予約する
■**눈(이) 부시다**：まぶしい　■**선글라스**：サングラス　■**쓰다**：(メガネを)かける、(帽子を)
かぶる、つける　■**~에게**：~(人)に　■**충전기**：充電器　■**빌리다**：借りる
■**좀**：ちょっと　■**피곤하다**：疲れる

Answer

STEP 1

❶ E / 어려웠어요 　❷ D / 태어났어요 　❸ A / 최고였어요

❹ B / 없어졌어요 　❺ C / 쉬는 날이었어요

STEP 2

❶ 시합、이겼어요 　❷ 예전에、자주 들었어요

❸ 아침、일어났어요 　❹ 그때、잘못했어요 　❺ 작년、떠났어요

---

 ①のドゥディオは日本語でいろいろな表現ができるよ。「いよいよ」、「とうとう」、「ようやく」、「ついに」、「やっと」……これらは全部、ドゥディオでOK。

　例 **드디어 오늘부터 시작하네요.** いよいよ今日から始まりますね。
　　　드디어 성공했어. ついに成功した。

STEP 3

❶ 아까 선생님께 인사했어요. 　❷ 최애 콘서트 티켓을 예매했어요.

❸ 눈 (이) 부셔서 선글라스를 썼어요.

❹ 친구에게 충전기를 빌렸어요. 　❺ 어제는 좀 피곤했어요.

---

 ②コンサートや飛行機などの事前予約は예약하다ではなく예매하다を使うよ。④韓国はカフェや食堂などで携帯の充電をさせてくれることも多いんだ！

 へ～、そうなんだ！

②全部ではないけど、携帯の充電に困った時はダメもとで聞いてみて！

　例 **저...죄송하지만 혹시 핸드폰 충전 돼요?**
　　　あの…すみませんが、携帯の充電できますか？

恋バナで盛り上がる!

~して

まずは下のテヒョンとハルの会話を読んでみましょう。Ⓐ、Ⓑの部分が今回の
ポイント表現です。空欄に当てはまる韓国語を予想してみてくださいね。

◀) 12

오빠는 이상형이 뭐야?①
オッパの理想のタイプってどんな人?
ハル

テヒョン
나는 Ⓐ_____ 귀여운
俺は<u>優しくて</u>かわいい
여자가 좋아
女性がいいな

나는 Ⓑ_____
私はかわいくないから
ハル
별로 안 좋아하겠다
あまり好きじゃないかもな

テヒョン
그건 만나봐야 알겠는데? ㅋㅋ
それは会ってみないとわかんないでしょ笑

뭐야 ㅋㅋ②
なんだそれ笑
ハル

テヒョン
하루는 이상형이 뭔데?
ハルの理想のタイプは?

음… 난 얼굴보다는
ん… 私は顔よりも

마음이 더 중요한 거 같아
心がもっと大事かも

ハル

テヒョン

그럼 대화를 많이 해야 되겠다!
なら会話をもっとしないといけないね!

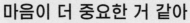

会話のコツ

① 韓国では「理想のタイプってどんな人ですか?」と聞かずに、**이상형이 위에요?**(理想のタイプって何ですか?)と言うのが一般的。「誰」なのかより、タイプというのがどんな「もの」なのかに着目した言い方をします。

② **뭐야?**は「何?」で、**뭔데?** は「何なの?」というニュアンスに近いです。

答えてみよう │ **Ⓐ**、**Ⓑ**の日本語を韓国語にしてみましょう。
正解は次のとおりです。

Ⓐ 優しくて
착하고

Ⓑ かわいくないから
안 귀여워서

語句

■**이상형**:(理想形)理想のタイプ　■**착하다**:優しい　■**귀엽다**:かわいい　■**여자**:女性
■**별로**:あまり、別に　■**~겠다**:~しそう、~かも　■**그건**:それは ➡ **그것은**(**그거는**)の略
■**아/어形 + 야 알다**:~しないとわからない　■**얼굴**:顔　■**마음**:心　■**더**:もっと
■**중요하다**:大事だ、重要だ　■**그럼**:では、じゃ　■**대화**:会話

～してをマスター！

① ～して、～くて　語幹 ＋ 고

「目の前にベンツが止まって、車の中から有名俳優が登場した」「買い物をして、映画を観る」などのように、2つ以上の行為を羅列したり、順番を表したりする時によく使います。

② ～して、～なので　아/어形 ＋ 서

「今日は仕事を休むので、一日中寝るつもりだ」「カフェに行って、コーヒーを飲んだ」のように、2つの行為や状況をつなぐ時によく使います。前後の文に関係性があるかどうかがポイント。前の文章が後ろに続く文章の根拠や理由を表していることが多いので、「～なので」と訳すこともあります。

●고と서の使い分けは?

고と서の使い分けのポイントになる、前後の文の「関係性」についてもう少し解説してみますね。たとえば、「韓国に行って遊びました」を次の2通りの文章で表すと、どのような違いがあると思いますか?

例 韓国に行って遊びました

❶ 한국에 가고 놀았어요

고は前後の文に関係性がない時によく使われるので、「韓国に行った」ことと「遊んだ」ことに関係性はありません。つまり、この文章では「韓国には行ったものの、韓国で遊んだのかどこで遊んだのかはわからない」というニュアンスになります。

❷ 한국에 가서 놀았어요

서は前後の文に関係性がある時によく使われるので、「韓国に行った」ことと「遊んだ」ことには関係性があります。つまり、この文章では「韓国に行ってそこで(韓国で)遊んだ」というニュアンスになります。

> だからこの文章では서を使ったほうがより自然なんだね!

> まとめると…

고 前後の文に関係性がなく、出来事をただ羅列するという時によく使われる「~だし、~して(そして)」と訳されることが多い。

서 前後の文に関係性があり、前の文章が後ろの文章の理由になっていることがほとんど。「~して、~なので」と訳されることが多い。

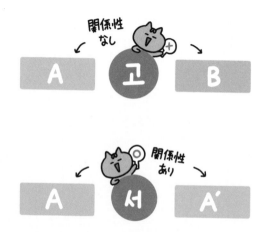

練習してみよう！

STEP 1 日本語の意味に合うように、以下の語句から正しい
韓国語を選びましょう。　🔊 12-01

❶ 急いで<u>準備して</u>行きます。

얼른 ＿＿＿＿＿＿＿＿＿＿ 갈게요.

❷ お酒を<u>飲んで</u>吐きそうです。

술을 ＿＿＿＿＿＿＿＿＿＿ 토할 것 같아요.

❸ <u>お会いできて</u>うれしいです。

＿＿＿＿＿＿＿＿＿＿ 반가워요.

❹ <u>家事をして</u>宿題をしました。

집안일을 ＿＿＿＿＿＿＿ 숙제를 했어요.

❺ <u>お腹（が）空いたので</u>ラーメン（を）食べました。

＿＿＿＿＿＿＿＿＿＿ 라면을 먹었어요.

```
Ⓐ하고　Ⓑ배고파서　Ⓒ준비하고
Ⓓ만나서　Ⓔ마셔서
```

「家事」は집（家）の안（中）の일（こと）、
집안일と言うよ

そのままだね！
すぐ覚えた！

STEP 2 日本語の意味に合うように、下線部を韓国語にして
みましょう。 🔊 12-02

❶ テストは勉強をたくさんしたので意外と簡単でした。

시험은 공부를 많이 ＿＿＿＿＿＿의외로 ＿＿＿＿＿＿ .

❷ この家は古くて安いです。

이 ＿＿＿＿＿＿ 은 ＿＿＿＿＿＿ 싸요.

❸ 明日は運動して休むつもりです。

＿＿＿＿＿＿ 은 ＿＿＿＿＿＿ 쉴 거예요.

❹ 隣の部屋がうるさくて警察に通報しました。

옆 방이 ＿＿＿＿＿＿ 경찰에 ＿＿＿＿＿＿ .

❺ いとこのお姉さんはきれいで親切です。

＿＿＿＿＿＿ 는 ＿＿＿＿＿＿ 친절해요.

STEP 3 次の日本語を韓国語に訳してみましょう。 🔊 12-03

❶ この機械は便利で良いです。

_____

❷ 安くて暖かい服はありませんか?

_____

❸ この前、友だちを招待して遊びました。

_____

❹ 子どもが生まれてうれしいです。

> 「子ども」は아이、「赤ちゃん」は
> 아기って言うんだ!

❺ 写真を撮ってSNSに載せたい。

_____

STEP 4 音声を聞きながらSTEP1〜3の文を発音してみましょう。

語句

■**얼른**：急いで、早く　■**준비하다**：準備する　■**술**：お酒　■**토하다**：吐く
■**반갑다**：うれしい　■**집안일**：家事　■**숙제**：宿題　■**배고프다**：お腹が空く
■**라면**：ラーメン　■**시험**：テスト(試験)　■**의외로**：意外と　■**쉽다**：易しい、簡単だ
■**집**：家　■**오래되다**：古い　■**운동하다**：運動する　■**옆**：隣、横　■**방**：部屋
■**시끄럽다**：うるさい　■**경찰**：警察　■**신고하다**：申告する、通報する　■**사촌**：いとこ
■**예쁘다**：きれいだ　■**친절하다**：親切だ　■**기계**：機械　■**편리하다**：便利だ
■**싸다**：安い　■**따뜻하다**：温かい　■**옷**：服　■**얼마 전에 (=저번에)**：この前、この間
■**아이**：子ども　■**기쁘다**：うれしい　■**올리다**：載せる、上げる　■**초대하다**：招待する
■**태어나다**：生まれる

Answer

STEP 1

❶ C / 준비하고　❷ E / 마셔서　❸ D / 만나서
❹ A / 하고　❺ B / 배고파서

---

①はどこかに「行く」ために「準備する」ことなので서を使っても大丈夫だよ！　どっちもよく使われるよ。

얼른 준비해서 갈게요.　早く準備していきますね。

STEP 2

❶ 해서、간단했어요(쉬웠어요)　❷ 집、오래돼서
❸ 내일、운동하고　❹ 시끄러워서、신고했어요
❺ 사촌 누나 (언니)、예쁘고

---

①「〜したので」と過去形で言ってるからといって、過去形に서をつけるのはNG！　過去の話でも、서の前は現在形を使うというルールがあるんだ。詳しくは181ページを参考にしてね！
③はただ日常のことを「羅列」してるだけだから고を使うんだ。

STEP 3

❶ 이 기계는 편리하고 (편리해서) 좋아요.
❷ 싸고 따뜻한 옷은 없어요?
❸ 얼마 전에 친구를 초대해서 놀았어요.
❹ 아이가 태어나서 기뻐요.
❺ 사진을 찍어서 SNS에 올리고 싶어.

---

③は遊ぶために招待したから고ではなく、
서になるんだね。

そうそう。あと④なんだけど、韓国人は「うれしい」と言う時にあまり기쁘다を使わないんだ。代わりに너무 좋다のような表現をするよ。

あなたの国の文化は？

~すればいい、~してはいけない

まずは下のテヒョンとハルの会話を読んでみましょう。**Ⓐ**、**Ⓑ**の部分が今回の
ポイント表現です。空欄に当てはまる韓国語を予想してみてくださいね。

🔊 13

テヒョン

한국 음식 좋아해?
韓国料理好き？

응! 특히 비빔밥 엄청 좋아해!
うん！ 特にビビンバめっちゃ好き！
ハル

テヒョン

비빔밥 맛있지!
ビビンバおいしいよね！

난 돌솥비빔밥이 제일 좋아
俺は石焼ビビンバが一番好き

나도! 똑같네 ㅎㅎ 한국요리는 야채가
私も！ 一緒だね笑 韓国料理は野菜が
ハル

많고 건강식이라서 좋아!
多くてヘルシーだから好き！

テヒョン

그런가?
そうかな？

하긴 그러고 보니 삼겹살도 그렇고
たしかにそういえばサムギョプサルもそうだし、

야채랑 같이 먹는 요리가 많구나!
野菜と一緒に食べる料理が多いんだね！

근데 한국에서는 그릇을 들고 음식을
ところで韓国では器を持って食べ物を

Ⓐ _____?

食べたらダメ？

 응. 한국에서는 그냥 그릇을
うん。韓国ではそのまま器を

식탁에 두고 Ⓑ _____
食卓に置いて食べればいいんだ

그렇구나. 일본이랑 가까운데
そうなんだ。日本と近いのに

문화가 많이 다르구나!
文化が結構違うんだね！

答えてみよう | Ⓐ、Ⓑの日本語を韓国語にしてみましょう。
正解は次のとおりです。

Ⓐ 食べたらダメ
먹으면 안 돼

Ⓑ 食べればいいんだ
먹으면 돼

語句

■**음식**：飲食、食べ物　■**특히**：特に　■**비빔밥**：ビビンバ　■**엄청**：とても、めっちゃ
■**돌솥비빔밥**：石焼ビビンバ　■**제일**：一番　■**~도**：~も　■**똑같다**：同じだ
■**야채**：野菜　■**건강식**：健康食　➡ 食べ物に対してヘルシーという時にこの表現を使う
■**하긴**：確かに　■**그러고 보니**：そういえば　■**같이**：一緒に　■**근데**：ところで
■**~에서는**：~では　■**그릇**：器　■**-(으)면**：~したら、~すると　➡ 語幹にパッチムがなかったら
면を、パッチムがあったら으면をつける　■**들다**：持つ　■**응**：うん　➡ 反対語は**아니**(ううん)
■**그냥**：ただ、ふつうに、なんとなく、そのまま　■**식탁**：食卓　■**두다**：置く
■**그렇구나**：そうなんだ　■**~(이)랑**：~と　■**가깝다**：近い　■**문화**：文化
■**많이**：たくさん　■**다르다**：違う、異なる

Chapter 3　もっと仲良くなりたい！

～すればいい、～してはいけないをマスター!

① ～すればいい　語幹 + (으)면 되다

되다には「～になる」という意味以外に、「よい」という意味があります。そのため「～すればいい」という許可や承諾を表すことができます。語幹末にパッチムがない時は면 되다を、パッチムがある時は으면 되다をつけます。

타다
乗る

타 면 되다
↑
パッチムなし
乗ればいい

적다
書く

적 으면 되다
↑
パッチムあり
書けばいい

バスに
乗れば
いいんだね

語幹+(으)면は日本語で「～と、ば、たら、なら」で訳せるよ。とりあえず「仮定」する時は면を思い出せばいいよ!

おぉ! 全部同じ表現でいいんだね。なんか得した気分♡

こちらに
サインを…

ここに
書けばいいんだね

2 ～してはいけない　語幹 + (으)면 안 되다

反対に「～してはいけない」と言う場合は、되다の前に否定表現の안をつけるだけ！　되다に안をつけると「よくない」という意味になるので、-(으)면 안 되다の直訳は「～したらよくない」、つまり「～してはいけない、～してはダメ」という意味になります。

ちなみに되다は「～してもいいですか?」という質問に答える時にも使います。

● はい。いいです → 네. 돼요.

● いいえ。ダメです → 아뇨. 안 돼요.

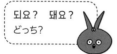

JOOのひとこと

되다のヨ体は、じつは韓国人もよく間違えるんだ。되요か돼요か、わからなくなっちゃうんだよね。でも、ヨ体の作り方を考えると簡単だよ！
되다のヨ体は되에어がついて되어요になり、それをさらに縮めて돼요になるよね。だから돼요が正解。詳しくは38ページ（ヨ体の縮約形）を参考に！

> 되요? 돼요?
> どっち?

> 되요は間違った表現なんだ！　되다の
> ヨ体は돼요で覚えていこう！

練習してみよう！

STEP 1 日本語の意味に合うように、以下の語句から正しい
韓国語を選びましょう。　🔊 13-01

❶ ここでタバコを<u>吸ったらダメですか</u>?

여기서 담배를 ＿＿＿＿＿＿＿＿＿＿ ?

❷ 明日は会社にお昼に<u>出勤すればいいです</u>（大丈夫です）。

내일 회사에 낮에 ＿＿＿＿＿＿＿＿＿＿ .

❸ こんな食材は<u>使ったらダメです</u>。

이런 식재료는 ＿＿＿＿＿＿＿＿＿＿ .

❹ 何時までに<u>行けばいいですか</u>?

몇 시까지 ＿＿＿＿＿＿＿＿＿＿ ?

❺ <ruby>江南<rt>カンナム</rt></ruby>駅で<u>乗り換えてはダメだよ</u>。

강남역에서 ＿＿＿＿＿＿＿＿＿＿ .

A 피우면 안 돼요　**B** 가면 돼요　**C** 갈아타면 안 돼요
D 출근하면 돼요　**E** 사용하면 안 돼요

やるじゃんー

114

STEP 2 日本語の意味に合うように、下線部を韓国語にして
みましょう。 🔊 13-02

❶ この薬は飲んではダメです。

이＿＿＿＿＿＿은＿＿＿＿＿＿ ．

❷ これ (を) 押すといいです (押せばいいんです)。

이거 ＿＿＿＿＿＿ ．

❸ 子どもにそんなふうに怒ってはダメです。

＿＿＿＿＿＿에게 그렇게＿＿＿＿＿ ．

❹ ここに名前を書けばいいですか?

＿＿＿＿＿＿에 이름을 ＿＿＿＿＿ ?

❺ ここに置けばいいです。

＿＿＿＿＿＿에 ＿＿＿＿＿ ．

STEP 3 次の日本語を韓国語に訳してみましょう。 🔊 13-03

❶ また直せばいいです。

＿＿＿＿＿＿＿＿＿＿＿＿＿＿＿＿＿＿

❷ マニュアルを作ればいいです。

＿＿＿＿＿＿＿＿＿＿＿＿＿＿＿＿＿＿

❸ インターネットで調べたらいいですか?

_____

❹ この階段で降りれば大丈夫です。

_____

❺ ちょっと休んだらダメですか?

> まさに今言いたい
> セリフ〜笑

_____

STEP 4 音声を聞きながらSTEP1〜3の文を発音してみましょう。

語句

■**여기**：ここ　■**담배**：タバコ　■**피우다**：吸う　■**낮**：お昼　■**회사**：会社
■**출근하다**：出勤する　■**이런**：このような　■**식재료**：食材　■**사용하다**：使用する
■**쓰다**：使う　■**몇 시**：何時　■**까지**：まで　■**강남**：江南（地名）。日本の銀座のような街
■**역**：駅　■**갈아타다**：乗り換える　■**이**：この　■**약**：薬　■**이거**：これ
■**누르다**：押す　■**아이**：子ども　■**그렇게**：そのように　■**혼내다**：怒る、叱る
■**거기**：そこ　■**놓다(=두다)**：置く　■**다시**：また　■**고치다**：直す
■**매뉴얼**：マニュアル　■**만들다**：作る　■**인터넷**：インターネット　■**알아보다**：調べる
■**계단**：階段　■**내려가다**：降りる　■**쉬다**：休む

Answer

STEP 1

❶ A / 피우면 안 돼요　❷ D / 출근하면 돼요
❸ E / 사용하면 안 돼요　❹ B / 가면 돼요
❺ C / 갈아타면 안 돼요

담배를 피우다(タバコを吸う)と言う時に、ネイティブは피우다(吸う)を
縮めて피다という人がほとんど。
例 **담배 피러 갈까요?**　タバコ吸いに行きましょうか？

STEP 2

❶ 약、먹으면 안 돼요　❷ 누르면 돼요　❸ 아이、혼내면 안 돼요
❹ 여기、쓰면 돼요　❺ 여기、두면(놓으면) 돼요

----

①薬は마시다(飲む)ではなく、먹다(食べる)を使うよ。

④「書く」を意味する単語には쓰다と적다があるよね？
どっちを使えばいいの？

ニュアンスの違いはあまりないからどっちを使ってもOK!

STEP 3

❶ 다시 고치면 돼요.　❷ 매뉴얼을 만들면 돼요.
❸ 인터넷으로 알아보면 돼요?　❹ 이 계단으로 내려가면 돼요.
❺ 좀 쉬면 안 돼요?

----

④내려가다(降りる)の反対語は올라가다(上がる)だよ。

君の夢は…?

連体形

まずは下のテヒョンとハルの会話を読んでみましょう。Ⓐ、Ⓑの部分が今回の
ポイント表現です。空欄に当てはまる韓国語を予想してみてくださいね。

오빠는 꿈이 뭐야?
オッパは夢って何?
ハル

テヒョン

난 일본에서 Ⓐ_____ 게 꿈이야
俺は日本に住むのが夢なんだ

진짜? 난 한국에서 Ⓑ_____ 데ㅋㅋ
本当に? 私は韓国に住みたいけど笑

ハル

テヒョン

우리 서로 바꾸면 되겠다 ㅋㅋ 근데 왜?
俺たちお互いに入れ替わればいいね笑 だけどなんで?

한국은 일본이랑 가까운데
韓国は日本と近いけど

ハル

문화는 좀 다르잖아?
文化はちょっと違うじゃん?

그게 너무 재미있어!
それがすごくおもしろいの!

テヒョン

그렇구나! 하루는 한국어를 잘하니까
そうなんだ! ハルは韓国語が上手だから

한국에서도 잘 지낼 것 같아 ㅋㅋ
韓国でもうまくやれそうだな笑

아니야 ㅠㅠ
いやいや泣

아직 한국말은 잘 못하지만
まだ韓国語は上手くないけど

난 금방 적응하니까 그럴 것 같아 ㅋㅋ
私はすぐ慣れるからそうかも笑

ハル

テヒョン

나도 빨리 일본어 공부해야겠다!
俺も早く日本語（を）勉強しなきゃ！

JOOのひとこと

韓国語は分かち書きによって意味が変わったりするよ。잘 못하다は「上手ではない、苦手だ」の意味だけど、잘못하다にすると「間違う」という意味になるんだ。

へ〜知らなかった！ これからは空けるスペースも一緒に覚えておこう

例 **공부를 잘 못해요.** 勉強が苦手です。

제가 잘못했어요. 私が間違っていました（ごめんなさい）。

答えてみよう

Ⓐ、Ⓑの日本語を韓国語にしてみましょう。
正解は次のとおりです。

Ⓐ 住む〜
사는〜

Ⓑ 住みたい〜
살고 싶은〜

語句

■**꿈**：夢　■**살다**：住む、生きる　■**게**：ことが ➡ 것이(거가)の略　■**서로**：お互い
■**바꾸다**：変える　■**가깝다**：近い　■**문화**：文化　■**다르다**：違う、異なる
■**잘하다**：上手だ　■**잘**：よく　■**지내다**：過ごす　■**-것 같다**：〜しそう、〜かも、〜みたいだ
■**아직**：まだ　■**잘 못하다**：上手ではない、苦手だ　■**금방**：すぐ
■**적응하다**：慣れる、適応する

連体形をマスター！

「背が高い男性」「遊んでいる子ども」「大学生の弟」。これらの下線部分は後ろに続く名詞を詳しく説明しているのがわかりますか？　このように、名詞を詳しく説明したい時には「連体形」が使われます。日本語で「好きな食べ物」を「好きだ食べ物」と言わないように、名詞にくっつけるためには語尾を変える必要があるのです。

例 好きな食べ物

　好きだ ＋ 食べ物
　→ ✕ 好きだ食べ物　○ 好きな食べ物

韓国語では…

　→ ✕ 좋아하다 ＋ 음식　○ 좋아하는 ＋ 음식

　는が「な」のような役割をする「連体形」にあたります

韓国語の連体形は日本語と違い、品詞（動詞・形容詞・存在詞・指定詞）や時制（過去・現在・未来）によって使い分ける必要があるので、まとめて覚えておきましょう。

	動詞	存在詞	形容詞・指定詞
過去	語幹 ＋ ㄴ/은	語幹 ＋ 던	
現在	語幹 ＋ 는		語幹 ＋ ㄴ/은
未来	未来は全部 ㄹ/을　語幹 ＋ ㄹ/을		

これ全部覚える自信がないんだけど‼萎える～

それぞれの時制と品詞を使って、自分の中で覚えやすいフレーズをいくつか作っておくといいよ。シチュエーションを決めてストーリーで覚えてもいいかもね。たとえば、右の表を見てみて

	動詞	存在詞	形容詞・指定詞
過去	① **내가 마신 커피** 私が飲んだコーヒー 마시다(飲む) 마시+ㄴ → 마신	② **여기 있던 커피 어디에 있어요?** ここにあったコーヒー、どこにありますか？ 있다(ある) 있+던 → 있던	③ **꽤 비싸던 커피 였는데…** 結構高かったコーヒーだったのに… 비싸다(〈値段が〉高い) 비싸+던 → 비싸던
現在	④ **제가 자주 사는 커피인데…** 私がよく買うコーヒーなんですが… 사다(買う) 사+는 → 사는 	⑤ **진짜 맛있는 커피예요.** 本当においしいコーヒーです。 맛있다(おいしい) 맛있+는 → 맛있는 	⑥ **인기도 많은 곳 이고요.** 人気も多い（人気のある）ところですし。 인기가 많다（人気がある） 많+은 → 많은
未来	⑦ **다음에 같이 갈까요?** 今度一緒に行きましょうか？ 가다(行く) 가+ㄹ → 갈		

Chapter3　もっと仲良くなりたい！

※맛있다（おいしい）は形容詞ですが、있다があるので存在詞のルールで活用されます。

未来連体形を使って깨끗할 방（きれいになる部屋）などと言うこともできるんだけど、未来連体形は表内の⑦のように、語幹 + ㄹ / 을の形で定番フレーズに使われることが多いんだ

練習してみよう！

STEP 1 日本語の意味に合うように、以下の語句から正しい
韓国語を選びましょう。 🔊 14-01

❶ あの人は<u>有名な人です</u>。

저 사람은 ＿＿＿＿＿＿＿＿＿＿＿ .

> 誰かを紹介する時に
> 連体形ってよく使わ
> れるんだね！

❷ 私が<u>飼ってる猫です</u>。

제가 ＿＿＿＿＿＿＿＿＿＿＿ .

❸ <u>複雑な問題</u>のせいで頭が痛いです。

＿＿＿＿＿＿＿＿ 때문에 머리가 아파요.

❹ <u>重要な会議</u>だから絶対来てください。

＿＿＿＿＿＿＿ 니까 꼭 오세요.

❺ 冷蔵庫に<u>あったケーキ</u>食べたの?

냉장고에 ＿＿＿＿＿＿＿＿＿＿ 먹었어 ?

Ⓐ 키우는 고양이예요　Ⓑ 있던 케이크　Ⓒ 복잡한 문제
Ⓓ 중요한 회의　Ⓔ 유명한 사람이에요

諦めちゃ
だ～め～

STEP 2　日本語の意味に合うように、下線部を韓国語にして
みましょう。　🔊 14-02

❶ この写真はいい思い出です。

이 ＿＿＿＿＿ 은 ＿＿＿＿＿ 추억이에요.

❷ 外に (は) 雨が降っているようです。

＿＿＿＿＿ 에 비가 ＿＿＿＿＿ 것 같아요.

❸ 礼儀 (が) 正しい人が好きです。

＿＿＿＿＿ 가 ＿＿＿＿＿ 사람을 좋아해요.

❹ これと似ている化粧品ってありますか?

이거랑 ＿＿＿＿＿ 화장품이 ＿＿＿＿＿ ?

❺ 最近人気があるバラエティー番組です。

＿＿＿＿＿ 인기 ＿＿＿＿＿ 예능 프로그램 이예요.

STEP 3　次の日本語を韓国語に訳してみましょう。　🔊 14-03

❶ 残った食べ物を包んでください(パックに詰めてください)。

＿＿＿＿＿＿＿＿＿＿＿＿

❷ ここにあるものは誰のものですか?

＿＿＿＿＿＿＿＿＿＿＿＿

123

❸ お忘れ物はありませんか？（もしかして忘れたものはないですよね？）

_____

お店を出る時やタクシーから降りる時に使ってみよう！

❹ 昨日SNSに載せた写真、とてもきれいでした。

_____

❺ さすが習ってらっしゃる方ですね（お詳しいですねというニュアンス）。

_____

STEP 4 音声を聞きながらSTEP1〜3の文を発音してみましょう。

じつは語幹末のパッチムがㄹ、ㄷ、ㅂ、ㅅの場合は連体形も変則活用をするんだけど、それは……追々覚えていこう！

語句

■**유명하다**：有名だ　■**사람**：人　■**키우다**：飼う、育てる　■**고양이**：猫
■**복잡하다**：複雑だ　■**문제**：問題　■**～때문에**：〜のせいで　■**머리**：頭
■**아프다**：痛い　■**중요하다**：大事だ、重要だ　■**회의**：会議　■**꼭**：絶対、必ず、ぜひ
■**냉장고**：冷蔵庫　■**케이크**：ケーキ　■**추억**：思い出　■**밖**：外　■**예의**：礼儀
■**바르다**：正しい　■**예의(가) 바르다**：礼儀正しい　■**비슷하다**：似る、似ている
■**화장품**：化粧品　■**요즘(=요새)**：最近　■**인기가 있다**：人気がある ➡ 「人気が多い」という表現で**인기가 많다**を、「人気だ」という意味で**인기다**という表現もよく使う
■**예능 프로램그**：バラエティー番組　■**남다**：残る　■**싸다**：包む
■**누구**：誰　■**혹시**：もし、もしかして、ひょっとして　■**잃어버리다**：なくす　■**어제**：昨日
■**올리다**：載せる　■**역시**：さすが、やっぱり　■**배우다**：習う、学ぶ

A n s w e r

STEP 1

❶ E / 유명한 사람이에요　❷ A / 키우는 고양이예요
❸ C / 복잡한 문제　❹ D / 중요한 회의　❺ B / 있던 케이크

STEP 2

❶ 사진、좋은　❷ 밖、오는　❸ 예의、바른
❹ 비슷한、있어요　❺ 요즘、있는 (많은)

 未来連体形は「未来連体形＋名詞」より、語幹＋ㄹ/을 것 같다（〜しそうだ）などの決まった表現（フレーズ）で使われることが多いよ！　未来連体形ㄹ/을を使って練習してみよう！

STEP 3

❶ 남은 음식 싸 주세요.　❷ 여기에 있는 건 (것은) 누구 거예요？
❸ 혹시 잃어버린 거 없어요？
❹ 어제 SNS에 올린 사진 너무 예뻤어요.
❺ 역시 배우신 분이네요

----

 ③혹시は「もしかして、ひょっとして」という意味なんだけど、「あの、ちょっと失礼しますが」のような枕詞として使われることも多いんだ。

例 혹시 홍대에 어떻게 가는지 아세요?
あの、ちょっと失礼しますが弘大(ホンデ)にどうやって行くのかご存じですか？

 혹시をつけるとやわらかい口調になるんだね!

 ⑤「お詳しいですね！」と言いたい時、韓国語では⑤のほかに、次のような表現を使うよ。「詳しい」と直訳すると不自然だから気をつけて！

例 잘 아시네요.　よく知ってらっしゃいますね。

テレビ電話しませんか？

〜みたいだ、〜のようだ

まずは下のテヒョンとハルの会話を読んでみましょう。Ⓐ、Ⓑの部分が今回の
ポイント表現です。空欄に当てはまる韓国語を予想してみてくださいね。

🔊 15 ． ．．ll 🛜 🔋

テヒョン

우리 영통 해 볼까?
俺たち、テレビ電話してみない？

좀 부끄러운데…
ちょっと恥ずかしいな…

ハル

テヒョン

괜찮아 ㅋㅋ 내일 저녁은 어때?
大丈夫！笑　明日の夕方はどう？

내일은 좀 Ⓐ＿＿＿＿＿＿ ㅠㅠ
明日はちょっと忙しいかも泣

ハル

다음 주는 어때?
来週はどう？

テヒョン

하루 요즘 Ⓑ＿＿＿＿＿ ㅠㅠ
ハル、最近忙しいみたいだね泣

다음 주 좋아!
来週ね。いいよ！

그래! 그럼 다음 주에 영통 하자!
よし！　じゃあ来週テレビ電話しよう！

ハル

テヒョン

기대돼!
楽しみだな!

너무 기대하지마 ㅋㅋ
あまり期待しないで笑

 ハル

答えてみよう ┃ **Ⓐ**、**Ⓑ**の日本語を韓国語にしてみましょう。
正解は次のとおりです。

Ⓐ 忙しいかも(忙しそう)
바쁠 것 같아

Ⓑ 忙しいみたいだね
바쁜가 봐

JOOのひとこと

韓国人がよく使う우리(私たち)には「私の」という意味もあるんだけど、우리 가방(私のかばん)のような使い方はできないんだ。ポイントは、「集団の中にいるかどうか」。たとえばこんな感じ。

> 日本語でも一人称として「うち」を使うことがあるけど、そんな感じだね

○ 우리 가족(私の家族)、우리 학교(私の学校)
→家族や学校は集団

○ 우리 어머니(私の母) →母は家族という集団の中にいる

○ 우리 사장님(私の社長)→社長は会社という集団の中にいる

✕ 우리 가방(私のかばん) →かばんは集団の中にいない

語句

■**우리**：私たち　■**영통**：テレビ電話 ➡ **영상통화**(映像通話)の略

■**부끄럽다**：恥ずかしい、照れる　■**내일**：明日　■**저녁**：夕方　■**어떻다**：どうだ

■**바쁘다**：忙しい　■**다음 주**：来週　■**요즘**(=**요새**)：最近　■**그래**：うん、そうしよう

■**그럼**：じゃあ　■**기대되다**：楽しみだ　■**기대하다**：楽しみにする、期待する

〜みたいだ、〜のようだをマスター!

日本語でも「〜だと思う」「〜しそうだ」「〜のようだ」といった推測の表現を
よく使いますよね。韓国語の推測表現はおもに次の3つで、どの程度確信し
ているのかによって使い分けます。

低　　　　　　　　　　　確信度　　　　　　　　　　　高

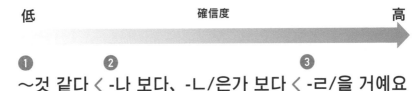

❶　　　　　❷　　　　　　　　　❸
〜것 같다 く -나 보다、-ㄴ/은가 보다 く -ㄹ/을 거예요

ここでは「〜みたいだ、〜ようだ」を意味する、〜것 같다と-나 보다、-ㄴ/은
가 보다を練習していきましょう!
＊③-ㄹ/을 거예요については204ページで詳しく解説します。

┌─ 確信の度合いが低い
❶ 〜みたいだ、〜そうだ　連体形 ＋ 것 같다

特に根拠がなく、主観的で消極的なニュアンスがあります。用言の連体形
に것 같다をつけます。

例 왠지 차가 막힐 것 같아요. なんだか道が混みそうです。

→ 本当に混んでるかどうかという根拠はなく、なんとなく主観的に推測してる
　 ニュアンス

（今19時だから…）
道が混みそうだな
たぶん

確信の度合い

2 ～みたいだ、～のようだ
語幹 + 나 보다、語幹 + ㄴ/은가 보다

確信の度合いがやや高い

何かしら根拠があって推測していることが多く、確信の度合いは-것 같다よりはやや高めです。

例 차가 막히나 봐요. 道が混んでるようですね。

→ 実際に道路に車がずらっと止まってる様子を見たり、渋滞のニュースなどを聞いたり、何かしら根拠を持って推測しているニュアンス

(車が多いな〜)
道が混んでるようですね

確信の度合い

品詞によって、下のように作り方がかなり変わるので注意しましょう！

●動詞・存在詞の場合…語幹 + 나 보다

오{다
来る

오{나 보다
来るようだ

●形容詞の場合…語幹 + 나 보다、ㄴ/은가 보다

덥{다
暑い

덥{나 보다
暑いようだ

> 形容詞は-나 보다も-ㄴ/은가 보다も同じ意味。どちらもよく使ってるよ！

●名詞の場合…名詞 + 인가 보다

외국인 | 인가 보다
外国人のようだ

129

STEP 1　日本語の意味に合うように、以下の語句から正しい
韓国語を選びましょう。ヒントを参考にしてくださいね。　🔊 15-01

❶ 明日午前中ごろに<u>着きそうです</u>。

내일 오전쯤에 ＿＿＿＿＿＿＿＿＿＿＿ ．　ヒント

❷ もうすぐ法律が<u>変わるみたいですね</u>。

곧 법이 ＿＿＿＿＿＿＿＿＿＿＿ ．

> 問題①、③、⑤は連体形＋
> 것 같다、②、④は語幹＋나
> 보다を使ってみよう

❸ 少し<u>遅刻しそうです</u>。

조금 ＿＿＿＿＿＿＿＿＿＿＿ ．

❹ <u>気にかかるようです</u>。

마음에 ＿＿＿＿＿＿＿＿＿＿＿ ．

> 品詞をよく考えて
> みて！

❺ たくさん<u>売れそうです</u>。

많이 ＿＿＿＿＿＿＿＿＿＿＿ ．

Ａ 지각할 것 같아요　Ｂ 바뀌나 봐요　Ｃ 도착할 것 같아요
Ｄ 팔릴 것 같아요　Ｅ 걸리나 봐요

마음(心)に関する言葉はたくさんあるよ。よく使いそうな
表現はまとめて覚えておこう！

마음에 들다　気に入る

마음에 새기다　心に刻む

마음에 와닿다　心に響く

STEP 2 日本語の意味に合うように、下線部を韓国語にしてみましょう。ヒントを参考にしてくださいね。 🔊 15-02

❶ 仕事が明日のうちに終わりそうです。

＿＿＿＿＿ 이 내일 안에 ＿＿＿＿＿＿＿＿.

❷ あそこで注文するようです。

＿＿＿＿＿＿＿＿ 서 ＿＿＿＿＿＿＿.

❸ 種類が多様なようですね (＝バリエーションが多い)。

＿＿＿＿＿＿＿＿ 가 ＿＿＿＿＿＿.

❹ 最近お元気そうですね。

＿＿＿＿＿＿＿＿ 잘 ＿＿＿＿＿＿＿.

❺ 水が澄んでるようですね。

＿＿＿＿＿＿＿ 이 ＿＿＿＿＿＿ .

ヒント

問題①②は連体形＋것 같다、③〜⑤は語幹＋나 보다、語幹＋ㄴ/은가 보다を使ってみよう

STEP 3 次の日本語を韓国語に訳してみましょう。 🔊 15-03

ヒント

問題①、②は連体形＋것 같다、③〜⑥は語幹＋나 보다、語幹＋ㄴ/은가 보다を使ってみよう

❶ このジーパンは小さくてはき心地が悪そうです。

＿＿＿＿＿＿＿＿＿＿＿＿＿＿＿＿＿＿＿＿＿＿＿

❷ あのダンベルは意外と軽そうです。

＿＿＿＿＿＿＿＿＿＿＿＿＿＿＿＿＿＿＿＿＿＿＿

❸ 割引クーポンをくれるようです。

割引（割引）は覚えとくと
なんか得しそう！

_____

❹ あそこで案内しているみたいです。

_____

❺ 子どもには少し大きいようです。

_____

❻ ちょっと辛いようです。

_____

STEP 4　音声を聞きながらSTEP1～3の文を発音してみましょう。

┌─────────┐
│ **語 句** │
└─────────┘

■**内일**：明日　■**오전**：午前　■**쯤**（＝**정도**）：頃　■**도착하다**：到着する、着く
■**지각하다**：遅刻する　■**곧**：すぐ　■**법**：法、法律　■**바뀌다**：変わる　■**마음**：心
■**걸리다**：かかる　■**마음에 걸리다**：気にかかる、気がかりだ　■**많이**：たくさん
■**팔리다**：売れる　■**～안에**：～のうちに　■**일**：仕事　■**끝나다**：終わる
■**저기**：あそこ　■**주문하다**：注文する　■**종류**：種類　■**다양하다**：多様だ
■**요즘**（＝**요새**）：最近　■**잘 지내다**：よく過ごす、元気だ　■**물**：水　■**맑다**：澄む
■**청바지**：ジーパン　■**작다**：小さい　■**불편하다**：不便だ　■**의외로**：意外と
■**아령**（＝**덤벨**）：ダンベル　■**가볍다**：軽い　■**할인**：割引　■**쿠폰**：クーポン
■**안내하다**：案内する　■**아이**：子ども　■**좀**：ちょっと　■**크다**：大きい　■**맵다**：辛い

Answer

STEP 1

❶ C / 도착할 것 같아요　❷ B / 바뀌나 봐요
❸ A / 지각할 것 같아요　❹ E / 걸리나 봐요
❺ D / 팔릴 것 같아요

STEP 2

❶ 일、끝날 것 같아요　❷ 저기、주문하는 것 같아요
❸ 종류、다양한가 봐요　❹ 요즘、지내나 봐요
❺ 물、맑은가 봐요

STEP 3

❶ 이 청바지는 작아서 불편할 것 같아요.
❷ 저 아령은 의외로 가벼울 것 같아요.
❸ 할인 쿠폰을 주나 봐요.　❹ 저기서 안내하나 봐요.
❺ 아이에게는 조금 큰가 봐요.　❻ 좀 매운가 봐요.

 ①「はき心地が悪い」と言う時に、
불편하다(不便だ)という単語を使うんだ。

Jooのひとこと

値引き用語を知っておくとなにかとお得。下に紹介した以外で
は、1個を買うともう一つおまけがもらえる「1＋1（ワンプラスワ
ン）」（2＋1、3＋1などもあり）なども覚えておくといいよ！

例 할인 (割引)、세일 (セール)、특가 (特価)
이벤트 (イベント)、공짜 (タダ) ＝무료 (無料)

私たち、
会ってみませんか?

韓国旅行の予定があると言ったら、テヒョンから「実際に会ってみよう」と提案された!!　とまどうハルだったが……「少し勇気を出してみよう!」

この章で学ぶ内容

この章のポイント

Chapter1から3までの内容はいかがでしたか?
本章からはニュアンスを理解することが大切な、よりネイティブっぽい表現を学んでいきます。さらに価格や日時など、日常生活に欠かせない数字の表現もマスターしましょう!

誘われた！

~しますか？、~しましょうか？

まずは下のテヒョンとハルの会話を読んでみましょう。Ⓐ、Ⓑの部分が今回の
ポイント表現です。空欄に当てはまる韓国語を予想してみてくださいね。

한국에 언제 온다고 그랬지? ①
韓国にいつ来るんだっけ？

 テヒョン

다다음 주 월요일부터 목요일까지!
再来週の月曜日から木曜日まで！

ハル

그럼 그때 Ⓐ_____?
じゃその時ちょっと会わない？

 テヒョン

좋아! 수요일 괜찮을 거 같아?
いいよ！　水曜日が良さそう

ハル

그래! 그때
わかった！　その時

Ⓑ_____?
梨泰院で遊ぼうか？

 テヒョン

안 그래도 이태원 가고 싶었는데
ちょうど梨泰院に行きたかったんだよね

잘됐다!
よかった！

 ハル

오빠 가게도 가 보고 싶어!

オッパのお店にも行ってみたい！

ハル

テヒョン

좋지! 데리고 가줄게 ㅎㅎ

いいよ！　連れていってあげるよ笑

会話のコツ

① 語幹＋ㄴ/는다고 그랬지? で「～んだっけ？、～って言ったっけ？」の意味。疑問形で使うことが多く、縮めて댔지? と言います。動詞の場合は語幹＋ㄴ/는다고 그랬지?、形容詞の場合は語幹＋다고 그랬지? になります。

例 **내일 어디에 간댔지?**　明日どこに行くんだっけ？

答えてみよう ｜ ⒜、⒝の日本語を韓国語にしてみましょう。正解は次のとおりです。

⒜ ちょっと会わない
잠깐 만나지 않을래

⒝ 梨泰院で遊ぼうか
이태원에서 놀까

○
○　曜日に関する単語はまとめて覚えておこう！　一部は連音化してるから
○　発音も一緒にチェックしておくとリスニング力も上がるよ。
○
○
○
○
○

월요일 [워료일]	月曜日	화요일 [화요일]	火曜日
수요일 [수요일]	水曜日	목요일 [모교일]	木曜日
금요일 [그묘일]	金曜日	토요일 [토요일]	土曜日
일요일 [이료일]	日曜日		

語句

■**언제**：いつ　■**그러다**：そうだ　■**다다음 달**：再来週 ➡ 来週は**주**（週）＋**다음**（次）で다음 주（来週）。**다음 주**（来週）の前にもう一つ**다**をつけると**다다음 주**（再来週）になる。ちなみに先週は**저번**（前回）＋**주**（週）で**저번 주**（先週）。**저번 주**（先週）の前にもう一つ**저**をつけると**저저번 주**（先々週）になる。

■**잠깐**：ちょっと　■**안 그래도**：ちょうど、そうでなくても　■**잘됐다**：よかった、うまくいった

■**그럼**：では、じゃ　■**그때**：その時

～しますか?、～しましょうか?をマスター!

① ～しますか?　語幹 + ㄹ/을래요?

「～しますか?」と相手の意向を聞く時の表現です。語幹の最後にパッチム
がなかったらㄹ래요?　パッチムがあったら을래요?　をつけます。

出ます

出ますか?

ㄹ/을래요を疑問形
で使わない時も
あるよね

撮る

찍 을래요?

찍 을래요?

撮りますか?

いい質問だね!
次ページで説明
するね

JOOのひとこと

日本語では「ご飯食べに行かない?」のように、否定形で誘いかける
ことがありますよね?　韓国語も同じで、否定形を使うことがよくあ
ります。つまり、「안+動詞」もしくは「語幹+지 않다」に「語幹+
ㄹ/을래요?」という勧誘表現がくっついた形になるんです。ただし、
この表現は-ㄹ/을래요の時しか使えないので注意しましょう。

例 一緒にコーヒー飲みに行かない?

○ 같이 커피 마시러 가지 않을래? (안 갈래?)

✕ 같이 커피 마시러 가지 않을까?

●平叙文 -ㄹ/을래요になると意味が変わる？

-ㄹ/을래요を平叙文（ふつうの文）で使うと「〜します」の意味になります。
この場合、やや強く自分の意見を言う表現になります。

例 아이스 커피 마실래요.

アイスコーヒーにします。

例文の直訳は「アイスコーヒーを飲みます」ですが、「アイスコーヒーが飲みたいです！」に近いニュアンスになります。

② 〜しましょうか？　語幹 + ㄹ/을까요？

「〜しましょうか？」と相手の意見を聞いたり、提案したりする時の表現です。
語幹の最後にパッチムがなかったらㄹ까요？　パッチムがあったら을까요？
をつけます。

買う

買いましょうか？

出ます

出ますか？

練習してみよう！

STEP 1 日本語の意味に合うように、以下の語句から正しい 韓国語を選びましょう。 ◀》 16-01

❶ 10分だけちょっと話しますか（話しませんか）？

10분만 좀 _____ ?

❷ 分けて食べましょうか（シェアしましょうか）？

나눠 _____ ?

❸ 展示会（を）見に一緒に行きませんか？

전시회 보러 _____ ?

❹ 皿洗い手伝いましょうか？

설거지 _____ ?

❺ 本（を）持っていきましょうか？

책 _____ ?

A 이야기할래요　**B** 가져갈까요　**C** 도와줄까요
D 같이 안 갈래요　**E** 먹을까요

誰かに誘う時に같이 ～ 래요?（一緒
に～しますか?）～까요?（～しま
しょうか?）とよく使うよ

STEP 2　日本語の意味に合うように、下線部を韓国語にしてみましょう。　🔊 16-02

❶ パソコンが壊れてるみたいですが直しましょうか？

＿＿＿＿＿＿＿ 가 고장난 거 같은데 ＿＿＿＿＿＿？

❷ オフィスに友だちを連れてきましょうか？

＿＿＿＿＿＿＿＿ 에 친구를 ＿＿＿＿＿＿？

❸ 弟のプレゼント(を)、一緒に選びますか？

남동생 ＿＿＿＿＿＿ 같이 ＿＿＿＿＿＿？

❹ あと5分だけ待ちましょうか？

5분만 더 ＿＿＿＿＿＿？

> 「あと○○分だけ」「もうちょっと」は日本語と同じ順番で言うと少し不自然なんだ。○○분만 더（あと○○分だけ）、좀 더（もうちょっと）を使うとネイティブっぽいよ！

❺ 寒いからちょっと入りますか？

추우니까 잠깐 ＿＿＿＿＿＿？

STEP 3　次の日本語を韓国語に訳してみましょう。　🔊 16-03

❶ 一緒に掃除しませんか？

❷ そろそろ出ましょうか?

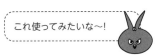
これ使ってみたいな〜!

_____

❸ 残業が終わって(終わったら)ビール飲みませんか?

_____

❹ 何個買いましょうか?

_____

❺ 私たち付き合いませんか?

_____

STEP 4 音声を聞きながらSTEP1〜3の文を発音してみましょう。

語句

■**〜만**:〜だけ　■**이야기하다**:話す　■**나누다**:分ける　■**나눠 먹다**:分けて食べる、シェアして食べる　■**전시회**:展示会　■**설거지**:皿洗い　■**도와주다**:手伝う　■**책**:本　■**가져가다**:持っていく　■**컴퓨터**:コンピューター、パソコン　■**고장나다**:壊れる　■**고치다**:直す　■**사무실**:オフィス、事務所　■**데려오다**:連れてくる　■**남동생**:弟　■**여동생**:妹　■**선물**:プレゼント　■**고르다**:選ぶ　■**기다리다**:待つ　■**들어오다**:入る、入ってくる　■**청소하다**:掃除する　■**슬슬**:そろそろ　■**나가다**:出る、出ていく　■**야근**:残業、夜勤　■**끝나다**:終わる　■**맥주**:ビール　■**개**:個　■**사귀다**:付き合う

Answer

STEP 1

❶ A / 이야기할래요 　**❷** E / 먹을까요
❸ D / 같이 안 갈래요 　**❹** C / 도와줄까요
❺ B / 가져갈까요

STEP 2

❶ 컴퓨터、고칠까요 　**❷** 사무실、데려올까요
❸ 선물、고를래요 　**❹** 기다릴까요 　**❺** 들어올래요

 「連れてくる」って데리고 오다じゃなかったって？

 いいね！ それも合ってるよ！
よく使う関連表現をまとめるとこんな感じかな

데려오다(데리고 오다) 連れてくる

데려가다(데리고 가다) 連れていく

STEP 3

❶ 같이 청소 안 할래요? (하지 않을래요?) 　**❷** 슬슬 나갈까요?
❸ 야근 끝나고 맥주 마실래요? 　**❹** 몇 개 살까요?
❺ 우리 사귈래요? (사귀지 않을래요?)

---

 ③、⑤のように「～しませんか?」を必ず안-래요?、-지 않을래요? と直訳しないのがネイティブっぽい会話のコツ！ 普通に래요? で訳す時が多いよ。あと、⑤日本語の「付き合う」には交際する、買い物や食事に付き合う、の意味があるけど、사귀다(付き合う)には「交際する」の意味しかないんだ。

 そうなんだ！ じゃ韓国語で「(買い物に)付き合って」とか言うと誤解されちゃうね笑

 そうだね。사귀다は慎重に使おう！ 笑

何食べに行く？

疑問詞、～しておく

まずは下のテヒョンとハルの会話を読んでみましょう。Ⓐ、Ⓑの部分が今回の
ポイント表現です。空欄に当てはまる韓国語を予想してみてくださいね。

テヒョン
지금 하루랑 어느 가게 갈지
今ハルとどのお店に行くか
고르고 있어ㅎㅎ
選んでるよ笑

ハル
진짜? 알아봐 줘서 고마워ㅠㅠ
本当？ 調べてくれてありがとう泣

テヒョン
Ⓐ _____?
何食べに行こうか？
혹시 못 먹는 음식 있어?
何か苦手な食べ物ってある？

ハル
나는 매운 거 잘 못 먹어①ㅋㅋ
私は辛いものが苦手笑

テヒョン
아 그럼 닭한마리 먹으러 갈까?
あ、じゃあタッカンマリ食べに行こうか？

ハル
너무 좋아!
めっちゃいいね！
그거 먹어 보고 싶었어!
それ食べてみたかったんだ！

テヒョン

그럼 내가 ❸＿＿＿＿＿＿＿＿＿！

じゃ俺が予約しとくね！

고마워
ありがとう

ハル

会話のコツ

① 「苦手だ」を一言で表せる韓国語がなく、「何が苦手なのか」によって表現が変わってきます。使い方は「못（〜できない）」を言ってから、次に「できないこと」を言えばOK!

例 새우(를) 못 먹어요. エビが食べられません。

한국어(를) 못 해요. 韓国語ができません。

술(을) 못 마셔요.　　お酒が飲めません。

答 え て み よ う ｜ ❹、❸の日本語を韓国語にしてみましょう。正解は次のとおりです。

❹ 何食べに行こうか
뭐 먹으러 갈까

❸ 予約しとくね
예약해 둘게

語句

■**어느**：どの　■**가게**：お店　■**語幹＋ㄹ/을지**：〜のか　■**고르다** ：選ぶ　■**알아보다**：調べる　■**혹시**：もしかして、ひょっとして　■**맵다**：辛い　■**닭한마리**：タッカンマリ(鳥の水炊きのような韓国料理)　■**語幹＋(으)러**：〜しに　■**예약하다**：予約する　■**두다(＝놓다)** ：置く　■**語幹＋ㄹ/을게**：〜するね　■**고맙다**：ありがたい

疑問詞、～しておくをマスター!

① 疑問詞

よく使う疑問詞や間違いやすい疑問詞をまとめました。具体的にどのような
シーンで使われるのかを想像しながら練習すると覚えやすいですよ。

疑問詞	意味	例文
어떤	どんな	어떤 한국 요리가 맛있어요? どんな韓国料理がおいしいですか?
어떻게	どう、 どうやって	어떻게 하면 돼요? どうすればいいですか?
어느	どの	어느 역으로 가면 돼요? どの駅に行けばいいですか?
어디	どこ	어디로 가요?　どこに行きますか?
언제	いつ	언제 만날까요?　いつ会いましょうか?
얼마	いくら	얼마예요?　いくらですか?
뭐	何	뭐 해요?　何してるんですか?
뭐가	何が	쇼핑백에 뭐가 들었어요? 買い物袋に何が入ってますか?
뭘	何を	뭘 하고 싶어요?　何をしたいですか?

疑問詞	意味	例文
뭐라고	何て	한국말로 뭐라고 해요? 韓国語で何て言いますか?
뭔가	何か	뭔가 먹고 싶어요. 何か食べたいです。
무슨	何の、どんな	무슨 의미예요? 何の／どんな意味ですか? =무슨 말이에요?
몇	何 (いくつの、いくらの)	몇 살이에요? 何歳ですか? ※後ろには살(年)のような数量を表す単語がつく
왜	何で、なぜ	왜요? なぜですか?
누구	誰	누구세요? 誰ですか? ※「誰が」になると누구가ではなく、누가になる

2 ～しておく 아/어形 + 두다/놓다

「置く」は韓国語で두다または놓다と言います。どちらでも同じニュアンスで使えるのですが、「置いておく」のように「置く」という単語が2つ重なる場合は놔 두다と言います。

아/어形 ＜ 두다

놔 ＜ 두다

置いておく

STEP 1 日本語の意味に合うように、以下の語句から正しい 🔊 17-01
韓国語を選びましょう。

❶ 何でそんなことを言うんですか？

＿＿＿＿＿＿＿ 그런 말을 해요?

❷ 何度ですか？

＿＿＿＿＿＿＿ 도예요?

❸ 手帳に書いておいてください。

수첩에 ＿＿＿＿＿＿＿＿＿＿ .

❹ 一体どういうこと（何事）？

대체 ＿＿＿＿＿＿＿ 일이야?

❺ そこに置いておいてください。

거기에 ＿＿＿＿＿＿＿＿＿＿＿＿ .

Ⓐ 몇　Ⓑ 무슨　Ⓒ 놔 두세요　Ⓓ 왜　Ⓔ 써 두세요

무슨 의미예요?　を直訳すると「何の意味ですか?」になりますが、実際は「どう
いう意味ですか?」という意味で使われます。このような直訳できないフレーズ
は丸ごと覚えるのがおすすめ。まずは次に紹介するものだけ覚えておこう!

무슨 일이야? どうしたの?

무슨 말이야? (무슨 의미야?) どういうこと?

STEP 2 日本語の意味に合うように、下線部を韓国語にして
みましょう。 🔊 17-02

❶ 割引していくらですか?

_____ 해서 _____ ?

❷ 重要な単語は覚えておいてください。

_____ 는 _____ .

❸ 辛くないメニューは何がありますか?

_____ 는 _____ ?

❹ 持ち物はあらかじめまとめておいてください。

_____ 은 미리 _____ .

❺ いつ行けば良いでしょうか?

_____ 가면 _____ ?

STEP 3 次の日本語を韓国語に訳してみましょう。 🔊 17-03

❶ 写真をたくさん撮っておいてください。

_____

❷ 今日は学校で何を勉強しましたか?

_____

❸ 宿題は前もってやっておいてください。

_____

❹ この女性グループの中で誰が一番好きですか?

_____

❺ どのカフェに行きましょうか?

_____

STEP 4 　音声を聞きながらSTEP1〜3の文を発音してみましょう。」

語句

■**그런**：そんな　■**말**：言葉　■**말하다**：話す、言う　■**〜도**：〜度　■**수첩**：手帳
■**쓰다(＝적다)**：書く　■**대체**：一体　■**놔 두다**：置いておく　■**할인하다**：割引する
■**중요하다**：大事だ、重要だ　■**단어**：単語　■**외우다**：覚える　■**맵다**：辛い
■**메뉴**：メニュー　■**준비물**：持ち物　■**챙기다**：(物を)まとめる、取り揃える　■**사진**：写真
■**찍다**：撮る　■**학교**：学校　■**숙제**：宿題　■**미리**：あらかじめ、前もって
■**걸그룹**：女性グループ　■**중**：中　■**누가**：誰が　■**제일**：一番　■**카페**：カフェ

Answer

STEP 1

❶D / 왜 ❷A / 몇 ❸E / 써 두세요 ❹B / 무슨
❺C / 놔 두세요

----

 ①直訳して 왜 그런 것(일)을 말해요?と言うと不自然。よく使うフレーズだから丸ごと覚えておこう!

 ③最近は 수첩에 쓰다(手帳に書く)の代わりに 메모하다(メモする)を使うことも多いよ。

STEP 2

❶할인、얼마예요 ❷중요한 단어、외워 두세요
❸안 매운 (맵지 않은) 메뉴、뭐가 있어요
❹준비물、챙겨 두세요 ❺언제、될까요

----

 ①인해서 얼마예요?(割引していくらですか?)以外に、할인된 가격은 얼마예요?(割引された金額はいくらですか?)という言い方もできるよ。

STEP 3

❶사진을 많이 찍어 두세요. ❷오늘은 학교에서 뭘 공부했어요?
❸숙제는 미리 해 두세요.
❹이 걸그룹 중에서 누가 제일 좋아요?
❺어느 카페에 갈까요?

----

 ④「中」を意味する単語には 중、안、속があるけど、「〜の中で選ぶ」のような場合は 중を使うよ!

何時に会う?

数字

まずは下のテヒョンとハルの会話を読んでみましょう。Ⓐ、Ⓑの部分が今回の
ポイント表現です。空欄に当てはまる韓国語を予想してみてくださいね。

수요일 몇 시쯤에 볼까? ①
水曜日は何時頃に会おうか？
ハル

몇 시부터 괜찮아?
何時から空いてる？
テヒョン

나는 Ⓐ＿＿＿＿＿＿ 부터
私は4時半から
비어 있어
空いてる
ハル

그럼 오후 5시에 이태원역
じゃあ17時に梨泰院駅の
Ⓑ＿＿＿＿＿ 출구에서 볼까?
1番出口で待ち合わせしようか？
テヒョン

그래! 거기서 보자
いいよ！　そこで会おうね
ハル

도착하면 연락줘!
着いたら連絡してね!
テヒョン

> **응! 연락할게**
> うん！連絡するね
> ハル

> **빨리 수요일이 됐으면 좋겠다! ㅋㅋ**
> 早く水曜日になってくれないかな！ 笑
> テヒョン

会話のコツ

① 「～に」の～部分に入るのが「時間や場所」なら에、「人」が에서なら에게、한테を使いましょう。

答 え て み よ う | Ⓐ、Ⓑの日本語を韓国語にしてみましょう。正解は次のとおりです。

Ⓐ 4時半
4시 반

Ⓑ 1番
1번

Jooのひとこと

韓国では13時、22時のような24時制はほぼ使わないんだ。午後1時、午後10時のように、오전（午前）、오후（午後）をつけて言うので覚えておこう。助詞は에（に）を使うことがほとんどだよ。

例 午前中にミーティングがあります。

△ 오전 미팅이 있어요. →ちょっと不自然

○ 오전에 미팅이 있어요. →에を一緒に使うと自然

語句

■**몇～**：何、いくつの、いくらの　■**～시**：～時　■**쯤(=정도)**：頃、ぐらい　■**～부터**：～から
■**반**：半　■**비다**：空く　■**역**：駅　■**번**：番　■**출구**：出口
■**도착하다**：到着する、着く　■**연락하다**：連絡する　■**되다**：なる

数字をマスター！

韓国語の数字には、「漢数字」と「固有数字」という２つの種類があります。

① 漢数詞　日本語の「いち、に、さん...」にあたる数字

日時や価格など、おもに「目に見えないもの」を表す時に使います。日時や価格は日常生活にはもちろん、旅行にも欠かせません。まずは漢数字から覚えましょう。

日本語で「零」と言う時は영、「ゼロ、マル」は공と言うことが多いです

0 (零)	1 (一)	2 (二)	3 (三)	4 (四)	5 (五)	6 (六)	7 (七)	8 (八)	9 (九)
영	일	이	삼	사	오	육	칠	팔	구

10 (十)	100 (百)	1000 (千)	10000 (万)
십	백	천	만

100、1000、10000は일を省略。
×일 백、일 천、일 만

漢数詞はこんなものに使われる！(一例)

날짜 (日付)…13일[십삼 일]

가격 (価格)…4300원[사천삼백 원]

년 (年)… 5년[오 년]

층 (階)…3층[삼 층]

도 (度)…36도[삼십육 도]

학년 (年生、学年)…4학년[사 학년]

퍼센트 (%)…70퍼센트[칠십 퍼센트]

분 (分)…27분[이십칠 분]

초 (秒)…15초[십오 초]

인분 (人前、人分)…2인분[이 인분]

번 (番)…16번[십육 번]

전화번호 (電話番号)…010-4875-3961
[공일공 사팔칠오 삼구육일]

電話番号の0は공、「-」は読まないか、에と言うよ

② 固有数詞　日本語の「ひとつ、ふたつ、みっつ...」に あたる数字

おもに物の数など「目に見える」ものや年齢に対して使います。20から読み方が変わるのでむずかしく感じますが、とりあえず20まで覚えておいて、それ以外はゆっくり慣れていけばOK。

1 (ひとつ)	2 (ふたつ)	3 (みっつ)	4 (よっつ)	5 (いつつ)
하나 (한)	둘 (두)	셋 (세)	넷 (네)	다섯
6 (むっつ)	7 (ななつ)	8 (やっつ)	9 (ここのつ)	10 (とお)
여섯	일곱	여덟	아홉	열

	20	30	40	50
	스물	서른	마흔	쉰
	60	70	80	90
	예순	일흔	여든	아흔

> 20に살(歳)がつくと스물 살ではなく스무 살になるよ

【注意】固有数詞の1〜4は개（個）のような数を数える単語がつくと文字の形と読み方が変わる。

하나 → 한、둘 → 두、셋 → 세、넷 → 네
例 1個　✕ 하나 개　〇 한 개

─固有数詞はこんなものに使われる！(一例)─

개 (個)...한 개 (1個)
명 (名)...네 명 (4名)
장 (枚)...열다섯 장 (15枚)
권 (冊)...여섯 권 (6冊)
잔 (杯)...일곱 잔 (7杯)
병 (瓶)...여덟 병 (8瓶)
대 (台)...아홉 대 (9台)

마리 (匹)...열 마리 (10匹)
시 (時)、시간 (時間)...두 시 (2時)、세 시간 (3時間)★
살 (歳)...스무 살 (20歳)★
번 (回)...세 번 (3回)★

> ★マークがついた固有数詞はちょっと特別なんだ。その理由は156ページで解説するね

STEP 1　日本語の意味に合うように、以下の語句から正しい
　　　　韓国語を選びましょう。　　🔊 18-01

❶ 6240원　_____원　　병 🍶

❷ 3병　_____병

❸ 7장　_____장　　장 📄

❹ 5마리　_____마리　　마리 🐱

❺ 37도　_____도　　도 🌡️

Ⓐ 일곱　Ⓑ 세　Ⓒ 삼십칠　Ⓓ 다섯　Ⓔ 육천이백사십

JOOのひとこと

o
o　基本的に「目に見えないもの」は漢数字で表すというルールがあるけど、
o　살（歳）、시（時）、번（回）は例外なんだ。これらは目に見えないけど、固
o　有数詞を使うので注意しよう。

忘れそう！　覚えやすい
方法ってないかな？

살サル、시シ、번ボン...サルシボン
...「猿しぼむ」で覚えておこう！

日本語の意味に合うように、下線部を韓国語にして
みましょう。　　　　🔊 18-02

❶ 割引して1万5900ウォンです。

＿＿＿＿＿＿＿＿해서＿＿＿＿＿＿＿＿이에요.

❷ コーラ3杯ください。

콜라 ＿＿＿＿＿＿＿＿주세요.

❸ この2人は私の同僚です。

이 ＿＿＿＿＿＿＿＿은 제＿＿＿＿＿＿＿＿예요.

❹ 私の息子は5年生です。

저희＿＿＿＿＿＿＿＿은＿＿＿＿＿＿＿＿ 이에요.

❺ 19歳でも映画(を)見られますか?

＿＿＿＿＿＿＿＿ 이라도 영화 ＿＿＿＿＿＿＿＿?

STEP 3　次の日本語を韓国語に訳してみましょう。　　🔊 18-03

❶ 街に車が1台もないです。

＿＿＿＿＿＿＿＿＿＿＿＿＿＿＿＿＿＿＿＿＿＿＿＿＿＿

❷ 一人で2人前を食べられますか?

＿＿＿＿＿＿＿＿＿＿＿＿＿＿＿＿＿＿＿＿＿＿＿＿＿＿

❸ 焼酎もう1本だけ飲もうか？

お酒好きには必須
フレーズだな

❹ これ一つください。

❺ この建物は1990年にできました。

STEP 4　音声を聞きながらSTEP1〜3の文を発音してみましょう。

何だっけ…

語句

■**할인**：割引　■**콜라**：コーラ　■**저희**：私たちの（謙譲語）➡ **우리**と同じように「私の」という意味でも使われる。　■**〜(이)라도**：〜でも　■**동료**：同僚　■**아들**：息子　■**영화**：映画
■**길(=거리)**：街、道　■**차**：車　■**혼자(=혼자서)**：一人で　■**소주**：韓国の焼酎（蒸留酒）
■**한 병만 더**：もう1本だけ ➡ ちなみに「もう1杯だけ」は**한 잔만 더**　■**건물**：建物
■**생기다**：できる

Answer

> **STEP 1**

❶ E / 육천이백사십　❷ B / 세　❸ A / 일곱　❹ D / 다섯
❺ C / 삼십칠

 日本語では数えるモノによって匹、頭、羽などを使い分けるけど、韓国では動物なら全部마리でOK！

> **STEP 2**

❶ 할인、만 오천구백 원　❷ 세 잔　❸ 두 명、동료
❹ 아들、오 학년　❺ 열아홉 살、볼 수 있어요 ?

 余談だけど、韓国語で「全部で」という時は**전부**もしくは**전부**、**다**もしくは**전부 다**を使うのが正解。直訳して**전부에서**と言わないようにね！

　例 이거 전부(다) 얼마예요 ?　これ全部でいくらですか？

> **STEP 3**

❶ 길에 차가 한 대도 없어요 .
❷ 혼자서 이 인분을 먹을 수 있어요 ?
❸ 소주 한 병만 더 마실까 ?　❹ 이거 하나 주세요 .
❺ 이 건물은 천구백구십 년에 생겼어요 .

間違っても
いいんだよ

予定を立ててみよう！

~しに、~しますね

まずは下のテヒョンとハルの会話を読んでみましょう。Ⓐ、Ⓑの部分が今回の
ポイント表現です。空欄に当てはまる韓国語を予想してみてくださいね。

◀)) 19

 벌써 다음 주에 우리 보네!
もう来週には会えるんだね！

와! 진짜네! 시간 빠르다!
わぁ！ 本当だ！ 時間早いな！

 우리 만나는 날, 밥 먹고 뭐 할까?
俺たちが会う日だけど、ご飯食べてから何しようか？

음.. 글쎄…
ん…そうだなぁ…

 차 타고 서울 Ⓐ＿＿＿＿＿＿＿?
車でソウルの夜景見に行こうか？

와! 우리 드라이브하는 거야?
わぁ！ ドライブするの？

생각도 못 했어! 너무 좋아!①
まさか、想像もしてなかった！ めっちゃうれしい！

 다행이다!②
よかった！

テヒョン

야경 예쁜 곳
夜景がきれいなところを

❸_____ ㅋㅋ

調べてみるね笑

기대돼♡ ㅎㅎ
楽しみ♡ 笑

ハル

会話のコツ

①「うれしい」は直訳だと기쁘다ですが、韓国人は너무 좋아(とても良い)と言うことがほとんど。うれしい＝とても気分が良い、と覚えておきましょう。

②「よかった」を意味する語といえば、잘됐다（136ページ）と다행이다です。直訳で「よくできた」を意味する잘 됐다は、試験に合格するなど、何かがうまくいった時に使います。一方、다행이다は「安心する」というニュアンスがあって、ケガが治った時など、ある問題が解決できて不安がなくなった時に使います。どちらを使うか迷ったら、とりあえず다행이다を使えばOK。

答 え て み よ う | ❹、❸の日本語を韓国語にしてみましょう。
正解は次のとおりです。

❹ 夜景見に行こうか
야경 보러 갈까

❸ 調べてみるね
알아 볼게

語句

■**벌써**：もう　■**다음 주**：来週　■**시간**：時間　■**빠르다**：早い

■**글쎄**：さあ、そうだな〜　■**차**：車　■**서울**：ソウル　■**야경**：夜景

■**드라이브**：ドライブ　■**생각**：考え　■**다행이다**：よかった　■**곳(=데)**：ところ、場所

■**알아보다(＝찾아보다)**：調べる

161

〜しに、〜しますねをマスター!

① 〜しに　語幹 + (으)러

「映画を観に行く」「遊びに来る」など、「〜しに」を意味する表現です。語幹末にパッチムがない時は러を、パッチムがある時は으러をつけます。後ろには가다 (行く)、오다(来る)という言葉が続きます。

パッチムなし

보<다 見る　　보<러 見に

パッチムあり

먹<다 食べる　　먹<으러 食べに

「食べに行く」とか「飲みに来た」とか、これ日常でめちゃくちゃ使うやつじゃん!

● こんな単語がよく使われる

前に来る語		後ろに来る語
먹다 食べる		
살다 住む　→살러　※ㄹ不規則		
자다 寝る、泊まる		
배우다 習う、学ぶ		가다
잡다 捕まえる	(으)러	行く
돕다 手伝う　→도우러　※ㅂ不規則		오다
듣다 聞く　→들으러　※ㄷ不規則		来る
씻다 洗う		
사다 買う		
마시다 飲む		

② ～しますね 語幹＋ㄹ/을게요

「今晩電話しますね」「確認しますね」などのように、相手に対して約束や宣言をする時によく使う表現です。語幹末にパッチムがない時は-ㄹ게요、パッチムがある時は-을게요をつけます。

パッチムなし
사다
買う

사ㄹ게요

살게요
買いますね

パッチムあり
입다
着る

입을게요

입을게요
着ますね

語幹+ㄹ/을 거예요
（～するつもりです）という
表現と形がよく
似てるな

そう！
間違いやすいから
注意して～

練習してみよう！

STEP 1 日本語の意味に合うように、以下の語句から正しい韓国語を選びましょう。 🔊 19-01

❶ 後で問い合わせしますね。

나중에 _____ .

❷ 本を借りに図書館に行きました。

책 _____ 도서관에 갔어요.

❸ お姉さんが来るまで待ちますね。

언니 올 때까지 _____ .

❹ 靴を買いにデパートに来ました。

구두를 _____ 백화점에 왔어요.

❺ 私のカメラで写真（を）撮りますね。

제 카메라로 사진 _____ .

> みんなで写真撮る時に使えそう！

> A 빌리러　B 문의할게요　C 기다릴게요
> D 찍을게요　E 사러

よく
思い出してみて

日本語の意味に合うように、下線部を韓国語にして
みましょう。 ◀» 19-02

❶ 私、先に帰りますね。

저 ＿＿＿＿＿＿＿＿＿＿＿＿.

❷ 公園に散歩しに行こうか?

＿＿＿＿＿＿＿ 에 ＿＿＿＿＿ 갈까?

❸ 今日は私がおごりますね。

＿＿＿＿＿＿은 제가 ＿＿＿＿＿.

❹ 猿を見に動物園に向かってます。

원숭이를 ＿＿＿＿＿ 에 가고 있어요.

❺ すぐ行ってきます。

금방 ＿＿＿＿＿＿＿＿＿＿＿.

STEP 3 次の日本語を韓国語に訳してみましょう。 ◀» 19-03

❶ ダイエットしにジムに行きます。

＿＿＿＿＿＿＿＿＿＿＿＿＿＿＿＿＿＿＿

❷ 来年はタバコ減らしますね。

＿＿＿＿＿＿＿＿＿＿＿＿＿＿＿＿＿＿＿

❸店員に一度たずねて（聞いて）みます。

___

❹お菓子を買いにスーパーに行っています（行くところです）。

___

❺10分後に起きますね。

___

STEP 4　音声を聞きながらSTEP1〜3の文を発音してみましょう。

ハハ…
わからん…

語句

■**나중에**：後で　■**문의하다**：問い合わせする　■**책**：本　■**빌리다**：借りる
■**도서관**：図書館　■**언니**：(女性から見た)お姉さん　■**語幹＋ㄹ/을 때**：〜する時
■**〜까지**：〜まで　■**기다리다**：待つ　■**구두**：靴　■**백화점**：デパート
■**카메라**：カメラ　■**먼저**：まず、先に　■**공원**：公園　■**산책하다**：散歩する
■**원숭이**：猿　■**동물원**：動物園　■**금방**：すぐ　■**다녀오다**：行ってくる
■**다이어트 하다**：ダイエットする　■**헬스장**：ジム　■**내년**：来年　■**담배**：タバコ
■**줄이다**：減らす　■**점원**：店員　■**한번**：一度　■**물어보다**：たずねてみる、聞いてみる
■**과자**：お菓子、スナック　■**슈퍼**：スーパー

A n s w e r

STEP 1

❶ B / 문의할게요 ❷ A / 빌리러 ❸ C / 기다릴게요
❹ E / 사러 ❺ D / 찍을게요

STEP 2

❶ 먼저 갈게요 ❷ 공원、산책하러 ❸ 오늘、살게요
❹ 보러 동물원 ❺ 다녀올게요 (갔다올게요)

----

 ③お金を内だ(出す)という意味で、낼게요(出しますね)と言ってもOK。また、제가 쏠게요(私が撃ちますね)というスラングもよく使うよ。これがまさに「私がおごりますね」に近い表現なんだ! 쏘다(撃つ)を直訳すると意味不明になるけど、銃口から勢いよく銃弾が出るように、気持ちよく思いっきりお金を出すイメージを連想して覚えるといいかも。

STEP 3

❶ 다이어트 하러 헬스장에 가요. ❷ 내년에는 담배 줄일게요.
❸ 점원한테 한번 물어볼게요.
❹ 과자를 사러 슈퍼에 가고 있어요. ❺ 10분 뒤에 일어날게요.

----

 ⑤일어나다(起きる)には「立ち上がる」という意味もあるので、カフェなどで10분 뒤에 일어날게요(10分後に立ち上がります)と言うと、「10分後に出ます」という意味になるよ。

韓国に行くならどこがいい？

～してみる、～でしょう？

まずは下のテヒョンとハルの会話を読んでみましょう。Ⓐ、Ⓑの部分が今回の
ポイント表現です。空欄に当てはまる韓国語を予想してみてくださいね。

🔊 20 ‖‖ 🔇 ▮

> **한국에 가 볼 만한 곳 어디 있어?** ①
> 韓国のおすすめスポットってどこ？
>

> **음.. 종로랑 성수는 Ⓐ＿＿＿＿＿＿＿＿?**
> う〜ん…鍾路と聖水は<u>行ってみたんだよね</u>？

> **응! 이번에는 새로운 곳에**
> うん！ 今回は新しいところに
> **Ⓑ＿＿＿＿＿＿＿＿!**
> <u>行ってみたい</u>！
>

> **한강은 가 봤어?**
> 漢江は行ったことある？

> **오! 한강은 안 가 봤어!**
> あっ！ 漢江は行ったことない！
>
> **한강에 가면 다들 뭐 해?**
> 漢江に行ってみんな何するの？

> **산책하기도 하고 잔디밭에 앉아서**
> 散歩したり、芝生に座って
> **배달 시켜서 먹기도 해**
> 出前を頼んで食べたりするよ

우와! 재밌겠다! 꼭 가야지!

わ～！ 楽しそう！ 絶対行かなきゃ！

ハル

テヒョン

아! 한강 라면도 맛있어!

あ！ 漢江ラーメンもおいしいよ！

꼭 먹어봐!

ぜひ食べてみて！

会話のコツ

① 곳と것はよく似ているけど、곳は「ところ」、것は「もの」を意味します（縮めて거とも言う）。迷ったら이거（これ）、저거（あれ）を思い出して、「거はものなんだ!」という発想に変えていきましょう。

Chapter4 私たち、会ってみませんか？

答 え て み よ う | Ⓐ、Ⓑの日本語を韓国語にしてみましょう。
正解は次のとおりです。

Ⓐ 行ってみたよね
가 봤지

Ⓑ 行ってみたい
가 보고 싶어

JOOのひとこと

- 한강 라면とはじつは漢江の川沿いで、自分で作るラーメンのこと。川沿いの公園にはインスタントラーメン製造機があって、コンビニで袋麺を買うと割り箸と紙皿をもらえるんだ。作ると言っても、お湯と粉末スープを加えるだけ。漢江を眺めながら食べるのが醍醐味なんだ♡

語句

■ **가 볼 만한 곳** : 行ってみる価値があるところ ➡ **볼 만한 곳**なら「見応えがあるところ」という意味

■ **이번** : 今回　■ **새롭다** : 新しい　■ **한강** : 漢江。ソウルの中心を流れる川でソウルの名所

■ **다들** : みんな　■ **산책** : 散歩　■ **語幹+기도 하고、語幹+기도 하다** : 〜したり、〜したりする

■ **잔디밭** : 芝生　■ **앉다** : 座る　■ **배달** : 出前、配達　■ **시키다** : 頼む、注文する

■ **〜야지** : 〜しよっと、しなくちゃ　■ **라면** : ラーメン　■ **꼭** : ぜひ、絶対

169

〜してみる、〜でしょう?をマスター!

① 〜してみる　　아/어形 + 보다

「〜してみる」と何かを試す時や挑戦する時に使う表現です。そのため、よく
한번(一度)という言葉と一緒に使います。ネイティブが多用する表現は봐
봐(見てみて)。ふだんよく使いそうなフレーズから慣れていきましょう!

| 原形 | | 아/어形 | 보다 |

| 마시다 | | 마셔 | 보다 |
| 飲む | | | 飲んでみる |

● 「〜したことがある」はどう言う?

過去の経験を言う時に、아/어形 + 보다の보다を過去形にすると、「〜して
みた」と言うことができます。でも「〜したことがある」と言いたい時もありま
すよね?　その場合は次のような表現を使います。これもパッチムのあるなし
で形が変わります。

・〜したことがある
　語幹 + ㄴ/은 적(이) 있다

例 한국에 간 적이 있어요.
　　韓国に行ったことがあります。

経験が
あったら 있다
なかったら 없다
なんだね!

170

• 〜したことがない

語幹＋ㄴ/은 적(이) 없다

例 **한국 요리는 먹은 적이 없어요.**

韓国料理は食べたことがありません。

② 〜でしょう?、〜ですよね?　語幹 + 지요?

「〜でしょう?」「〜ですよね?」と相手に同意を求める表現です。縮めて죠?と言うことが多いので、韓国ドラマなどでは죠?のほうをよく耳にするかもしれません。タメ口で言う時は後ろの요を取って지?（〜だよね?）と言えばOK。

춥<다　춥<지요?
寒い　　寒いでしょう？

縮めちゃおう〜

지요　　죠

JOOのひとこと

지요は例文のように、「もちろん〜ですよ」「〜でしょう!」「〜ですよ!」などと念押しするような時にもよく使います。

例 A **내일 회식 올 거죠?**
明日の飲み会来ますよね？

B **물론이죠!**
もちろんですよ！

A **일식 추천해 주세요?**
おすすめの和食を教えてください？

B **일식이라 하면 스시죠.**
和食と言えば寿司でしょう。

171

STEP 1 　日本語の意味に合うように、以下の語句から正しい
　　　　韓国語を選びましょう。　🔊 20-01

❶ メールを<u>送ってみましょうか</u>?

　　메일을 ＿＿＿＿＿＿＿＿＿＿＿＿?

❷ 地図を見て<u>訪ねてみますね</u>。

　　지도 보고 ＿＿＿＿＿＿＿＿＿＿＿ .

> 言語学習に欠か
> せない質問だね！

❸ これを韓国では<u>なんて呼びますか</u>?

　　이걸 한국에서는 ＿＿＿＿＿＿＿＿＿＿?

❹ ワンピース<u>試着させてもらいます</u>。

　　원피스 ＿＿＿＿＿＿＿＿＿＿＿ .

❺ このチキン本当に<u>おいしいですよね</u>?

　　이 치킨 진짜 ＿＿＿＿＿＿＿＿＿＿?

Ⓐ 입어 볼게요　Ⓑ 맛있죠　Ⓒ 보내 볼까요
Ⓓ 뭐라고 부르죠　Ⓔ 찾아가 볼게요

こんなこと…
言ってたっけ？

STEP 2　日本語の意味に合うように、下線部を韓国語にしてみましょう。　🔊 20-02

❶ テキスト100ページを開いてみましょうか？

_____100페이지를 _____?

❷ 韓国って冬に結構寒いですよね？

한국은_____에 꽤 _____?

꽤の発音、むずかしいな！

正しくは「ックェ」だけどそこまではっきり発音する韓国人はあまりいないよ。少し崩して「何だっけ？」の「っけ」に近い発音でもOK！

❸ 一度検討してみますね。

한 번_____ .

❹ 量が少なすぎますよね？

_____ 이 너무 _____?

❺ 私たち会ってみませんか？

우리 _____?

きゃー！告られた♡

STEP 3　次の日本語を韓国語に訳してみましょう。　🔊 20-03

❶ サンプル（を）一度使ってみてください！

❷ これ触ってみてもいいですか?

_____

❸ 今、車が結構混んでますよね?

_____

❹ 赤ちゃんを一度抱いてみてもいいですか?

_____

❺ あそこに赤い看板見えますよね?

_____

STEP 4 音声を聞きながらSTEP1〜3の文を発音してみましょう。

いい感じ♡

語句

■**메일**：メール　■**보내다**：送る　■**지도**：地図　■**찾아가다**：訪ねる
■**이걸**：これを ➡ **이것을(이거를)**の略　■**〜에서는**：〜(場所)では　■**부르다**：呼ぶ
■**원피스**：ワンピース　■**입다**：着る　■**치킨**：チキン　■**교과서**：テキスト、教科書
■**페이지**：ページ　■**피다**：開く　■**겨울**：冬　■**꽤**：結構　■**춥다**：寒い
■**검토하다**：検討する　■**양**：量　■**너무〜**：〜すぎる　■**적다**：少ない
■**샘플**：サンプル　■**쓰다**：使う　■**만지다**：触る　■**차**：車　■**막히다**：混む、詰まる
■**아기**：赤ちゃん　■**안다**：抱く　■**빨갛다**：赤い　■**간판**：看板　■**보이다**：見える

Answer

STEP 1

❶ C/ 보내 볼까요   ❷ E/ 찾아가 볼게요
❸ D/ 뭐라고 부르죠   ❹ A/ 입어 볼게요   ❺ B/ 맛있죠

 ④「試着してみます」という意味で
입어 볼게요と言うよ。

STEP 2

❶ 교과서, 펴 볼까요   ❷ 겨울, 춥죠   ❸ 검토해 볼게요
❹ 양, 적죠   ❺ 만나 볼래요

 ⑤「私たち会ってみませんか?」は告白するときの定番フレーズ。「付き合いましょう」というニュアンスで考えるといいかも!

STEP 3

❶ 샘플 한번 써 보세요!   ❷ 이거 만져 봐도 돼요?
❸ 지금 차 꽤 막히죠?   ❹ 아기 한번 안아 봐도 돼요?
❺ 저기에 빨간 간판 보이죠?

 ①だけど、韓国ってコスメショップに行くと試供品をいっぱいもらえたりするよね。

 そうだね!　試供品을샘플(サンプル)と言うんだ。最近は日本のドラッグストアのような올리브영(オリーブヤング)というお店でコスメを買う人が多いよ!

Chapter 4　私たち、会ってみませんか?

175

Chapter

5

これからの私たち

初デートの後、さらに仲が深まったハルとテヒョン。
チャットでお互いの気持ちを確認することに……「早
く、また会いたいな」。

この章のポイント

ここまでよく頑張りました〜！　最後の章で学ぶ
「〜だから」（理由）、「〜だけど」（逆接）などの表
現は韓国ドラマの頻出表現です。これを身につけ
れば、次のステップに自信を持って進んで大丈夫!

scene 21 デートの後

〜だから、〜ということで

まずは下のテヒョンとハルの会話を読んでみましょう。Ⓐ、Ⓑの部分が今回の
ポイント表現です。空欄に当てはまる韓国語を予想してみてくださいね。

데려다 줘서 고마워!
送ってくれてありがとう！

아니야~
いいえ〜
한국까지 와 줬는데 이 정도야 뭘!
韓国まで来てもらったんだから、これくらいはしないとね！

특히 현지인이 자주 가는 곳을
特に現地の人がよく行くところを
안내해 줘서 너무 좋았어!
案内してもらって、すごくうれしかった！

다행이다 ㅎㅎ 직접
よかった！笑　実際に
Ⓐ_____ **더 재미있었어**
会って（会えて）、より楽しかったよ

나도! 내일 약속 때문에 빨리 가서 미안해
私も！　明日予定があるせいで早く帰ってごめんね

아니야. 잠깐이라도 봐서 좋았어
気にしないで。ちょっとだけでも会えてよかったよ

178

ハル

나도 ㅎㅎ 그럼 내일 연락할게! 잘 자!
私も笑 じゃ明日連絡するね！ おやすみ！

テヒョン

응! ⑤＿＿＿＿＿＿ 얼른 자~.
うん！ （もう時間も）遅いから早く寝てね。

잘 자!
おやすみ！

答 え て み よ う ｜ ④、⑤の日本語を韓国語にしてみましょう。
正解は次のとおりです。

④ 会って（会えて）
만나서

⑤ 遅いから
늦었으니까

JOOのひとこと

뭘には「何を」という意味のほかに、謙遜の意味の感嘆詞としても使われるんだ。日本語だと「いえいえ〜」っていう感じに近いかな。相手から「ありがとうございます」と言われた時、こんなふうに返したりするよ。

例 **고맙긴요 뭘~.** いえいえ。ありがとうだなんて。

이 정도야 뭘~ … 괜찮아요.
いえいえ。このぐらい大丈夫です（大したことないです）。

語句

■**데려다 주다**：送ってくれる、送ってあげる　■**특히**：特に　■**현지인**：現地の人
■**안내하다**：案内する　■**다행이다**：よかった　■**연락하다**：連絡する　■**직접**：直接
■**더**：もっと　■**〜도**：〜も　■**약속**：約束　■**〜때문에**：〜のせいで　■**빨리**：早く、速く
■**가다**：行く、帰る　■**미안하다**：ごめんだ　■**아니야**：ううん、違う
■**잠깐이라도**：ちょっとだけでも　➡ 잠깐만이라도の略
■**보다**：見る、会う　■**늦다**：遅い、遅れる　■**얼른**：素早く　■**자다**：寝る

〜だから、〜ということでをマスター！

1 〜だから 語幹 + (으)니까

主観的な理由や原因を言う時の
表現。語幹末にパッチムがなかっ
たら니까を、パッチムがあったら
으니까をつけます。

する

するから

もらう

もらうから

ちょっと
似てるね〜

だから
(으)니까

使いすぎると自己主張が強い印象
を与えてしまうので要注意！

2 〜ということで、〜するため 語幹 + 기 때문에
※名詞+(이)기 때문에

「〜ということで、〜するため」とい
うニュアンスを持つかしこまった表
現です。そのため、日常会話より
会議やニュースなど、オフィシャル
な場でよく使われます。「名詞＋
때문에」にすると「〜のせいで」と
いう意味になってしまうので気を
つけましょう。

ということで〜

있다
ある

있기 때문에
あるので

● 〜서、-니까、-기 때문에の違い

同じく理由を表す아/어形＋서を含めて、間違いやすい表現をまとめました。

	아/어形＋서	語幹＋(으)니까	語幹＋기 때문에
理由の種類	一般的	主観的	客観的／論理的
ニュアンス	「〜なので」に近い	「〜だから」に近い	「〜ということで」に近い
過去形	✕ 使えない 過去の話だとしても서の前は過去形ではなく、現在形にする 例 昨日雨が降っていたので傘を買いました。 ✕ 어제 비가 왔어서 우산을 샀어요. ○ 어제 비가 와서 우산을 샀어요.	○ 使える	○ 使える
勧誘 命令 依頼	✕ 使えない	○ 使える 니까は主観的な理由を言う時の表現。そのため、後ろに「勧誘・命令・依頼」のような自分の意思が入った文が続く時は니까しか使えない 例 熱いから気をつけてくださいね。 ○ 뜨거우니까 조심하세요. ✕ 뜨거워서 조심하세요. ✕ 뜨겁기 때문에 조심하세요.	✕ 使えない

서は過去の話でも現在形で使うんだね!

そう! でも文末は「〜だった、でした」のように過去形で言うから意味はちゃんと伝わるんだ

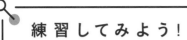
STEP 1　日本語の意味に合うように、以下の語句から正しい　🔊 21-01
韓国語を選びましょう。

❶ 風邪が治ってよかったです。

감기가 ＿＿＿＿＿＿＿＿＿＿ 다행이에요.

❷ 仕事が終わったからそろそろ退勤しましょうか？

일이 ＿＿＿＿＿＿＿＿＿＿ 슬슬 퇴근할까요?

❸ 父に似て目が大きいです。

아빠를 ＿＿＿＿＿＿＿＿＿＿ 눈이 커요.

❹ 冷めるから早く召し上がってください。

＿＿＿＿＿＿＿＿＿＿ 얼른 드세요.

❺ このプロジェクトは課長だから可能なこと (できる仕事) です。

이 프로젝트는 ＿＿＿＿＿＿＿ 가능한 일입니다.

┌─────────────────────────────────┐
│ Ａ 닮아서　 Ｂ 식으니까　 Ｃ 나아서
│ Ｄ 과장님이기 때문에　 Ｅ 끝났으니까
└─────────────────────────────────┘

STEP 2 日本語の意味に合うように、下線部を韓国語にして
みましょう。　🔊 21-02

❶ 友だちはお酒飲めないからソフトドリンクを準備しておきますね。

친구는 술＿＿＿＿＿＿를 준비해 둘게요.

❷ 靴下を履くからスニーカーはちょっと大きいサイズがいいです。

＿＿＿ 을 ＿＿＿＿ 운동화는 좀 큰 사이즈가 좋아요.

❸ お客様がもうすぐ来るから掃除しましょうか?

＿＿＿＿＿＿ 이 곧 ＿＿＿＿＿ 청소할까요?

❹ 先輩は人気があるからきっと忙しいと思います。

＿＿＿＿＿ 는 ＿＿＿＿＿아마 바쁠 거예요.

❺ 今、売り上げが良くないので、対策を立てなければなりません。

지금＿＿＿＿ 이 ＿＿＿＿대책을 세워야 합니다.

STEP 3 次の日本語を韓国語に訳してみましょう。　🔊 21-03

❶ 足をケガして体が動かないから不便です。

_____

❷ この前玉ねぎは買ったから買わなくてもいいです。

_____

❸ 契約したから守らなければなりません。

_____

❹ ここは事故が多いため、気をつけなければなりません。

_____

❺ 昨日指輪をなくして一日中探しました。

_____

①〜③は〜(으)니까を、④は〜기 때문에を、⑤は〜서を使ってみよう!

STEP 4　音声を聞きながらSTEP1〜3の文を発音してみましょう。

語句

■**감기**：風邪　■**낫다**：治る、直る　■**일**：仕事、こと　■**끝나다**：終わる
■**퇴근하다**：退勤する　■**아빠**：父　■**닮다**：似る　■**눈**：目　■**크다**：大きい
■**식다**：冷める　■**얼른**：素早く　■**드시다**：召し上がる　■**프로젝트**：プロジェクト
■**과장님**：課長　■**가능하다**：可能だ　■**음료수**：ソフトドリンク　■**양말**：靴下
■**신다**：履く　■**운동화**：スニーカー　■**사이즈**：サイズ　■**손님**：お客様
■**청소하다**：掃除する　■**선배**：先輩　■**인기가 있다**：人気がある　➡ **인기가 많다**（人気が多い）も同じ意味でよく使われる　■**바쁘다**：忙しい　■**매출**：売り上げ　■**대책**：対策
■**세우다**：立てる　■**다리**：足　■**다치다**：ケガする　■**움직이다**：動く、動かす
■**양파**：玉ねぎ　■**계약하다**：契約する　■**지키다**：守る　■**사고**：事故
■**조심하다**：注意する、気をつける　■**반지**：指輪　■**하루종일**：一日中

Ａｎｓｗｅｒ

STEP 1

❶ C / 나아서　❷ E / 끝났으니까　❸ A / 닮아서
❹ B / 식으니까　❺ D / 과장님이기 때문에

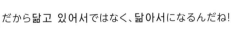

③「似ている」は닮고 있다ではなく닮다と言うんだ!

だから닮고 있어서ではなく、닮아서になるんだね!

STEP 2

❶ 못 마시니까 (마시지 못하니까) 음료수
❷ 양말, 신으니까　❸ 손님, 오니까
❹ 선배, 인기가 많으니까 (있으니까)
❺ 매출, 안 좋기 때문에 (좋지 않으니까)

----

①韓国では「ソフトドリンク」のことを음료수(飲料水)と言うよ。発音がちょっとむずかしいかもしれないけど、[음뇨수]のようにいう感じで発音するとネイティブっぽい!

STEP 3

❶ 다리를 다쳐서 몸을 못 움직이니까(움직이지 못하니까) 불편해요.
❷ 얼마전에 양파는 샀으니까 안 사도 돼요.
❸ 계약했으니까 지켜야 해요(돼요).
❹ 여기는 사고가 많기 때문에 조심해야 해요(돼요).
❺ 어제 반지를 잃어버려서 하루종일 찾았어요.

----

①「〜にケガをする」と言う時は助詞に注意!　〜에(に)を使わずに、〜를/을(を)を使って〜를/을 다치다と言うんだ。ちなみに①〜⑤は全部、〜(으)니까、〜기 때문에の代わりに서を使っても大丈夫だよ!

気持ちを伝えてみよう

〜ですね、〜なんですね

まずは下のテヒョンとハルの会話を読んでみましょう。Ⓐ、Ⓑの部分が今回の
ポイント表現です。空欄に当てはまる韓国語を予想してみてくださいね。

🔊 22

일본에는 잘 들어갔어?
日本には無事に帰れた?

응! 막 도착했어!
うん! 今ちょうど着いたよ!

여러가지 신경 써줘서
いろいろ気にかけてくれて

진짜 고마워 ㅠㅠ①
本当にありがとう泣

아니야~. 짧은 시간이었지만
全然〜。短い時間だっだけど

너무 재미있었어!
すごく楽しかったよ!

나도! 평생 잊지 못할 거야
私も! 一生忘れないと思う

근데 우리 만나고 더
なんか会ってから、もっと

친해진 것 같아
仲良くなった気がする

그러게 ㅋㅋ 그러고 보니 우리
そうだね笑　そういえば私たち

ハル

맨날 **Ⓐ** _____ ㅎㅎ
毎日連絡してるね笑

テヒョン

Ⓑ _____. 하루랑 또 놀고 싶다~
それな（そうだね）。ハルとまた遊びたいな～

나두…ㅎㅎ②
私も...笑

ハル

会話のコツ

① 신경（神経）을 쓰다（使う）で「気にする、気にかける」という意味になります。ネイティブは신경 쓰지 마（気にしないで）という言い方をよくします。

② 「私も」の正しい表記は나도ですが、日常会話でネイティブは나두と書いたり、発音したりします。

Chapter 5　これからの私たち

答えてみよう | Ⓐ、Ⓑの日本語を韓国語にしてみましょう。
正解は次のとおりです。

Ⓐ 連絡してるね
연락하네

Ⓑ それな（そうだね）
그러네

語句

■**잘 들어가다**：無事に帰る　■**막**：ちょうど、ぴったり　■**여러가지**：いろいろ
■**신경을 쓰다**：気にかける、気にする　■**짧다**：短い　■**시간**：時間　■**평생**：一生
■**잊다**：忘れる　■**친하다**：親しい、仲がいい　■**친해지다**：仲良くなる
■**그러게**：そうだね　■**그러고 보니**：そういえば　■**맨날 (=매일)**：毎日
■**그러니까**：それな、だから ➡ 縮めて그니까と言う時も多い　■**또**：また
■**~도**：～も ➡ 会話の時には두と発音することも多い

187

～ですね、～なんですねをマスター!

相手に感心したり驚いたりした時に「～ですね、～なんですね」などと言いますよね? 韓国語には次の2つの表現があります。

① ～ですね、～しますね　語幹 + 네요

日本語の「～ですね、～しますね」と同じニュアンス。物事に対して感心や驚きを表現します。

例 생각보다 맛있네요!
　 思ったよりおいしいですね!

② ～なんですね、～なんでしょうね　語幹 + 군요

군요は「～なんですね」に近いニュアンスで、네요よりやや硬い表現になります。前に来る単語によって는や이がつくこともあります。

●語幹が動詞 → 語幹 + 는군요

語幹 는군요
　動詞

例 지금 밖에 비가 오는군요.
　 今、外は雨が降ってるんですね。

188

● 語幹が形容詞や動詞の過去形 → 語幹＋군요

語幹 군요

形容詞や動詞の過去形

例 요즘 바쁘군요.

最近忙しいんですね。

● 名詞 → 名詞＋(이)군요

名詞 이군요

例 내일이 토요일이군요.

明日が土曜日なんですね。

●군요はカジュアルな会話でとても使える!

군요のタメ口、語幹＋구나(〜なんだ)を使って独り言のように感心や驚きを表現することができます。군요と同じく、前に来る単語によっては는や이がつくこともあります。

例 이 가게 진짜 맛있어요!

(このお店めっちゃおいしいよ!)と言われて…

맛있군요! おいしいんですね!

➡少し固い感じ

오! 맛있구나! へ〜! おいしいんだ!

➡自分の感想をやんわりと伝える感じ

練習してみよう！

STEP 1 日本語の意味に合うように、以下の語句から正しい
韓国語を選びましょう。 🔊 22-01

❶ ズボンが少し<u>大きいんですね</u>。

바지가 좀 ＿＿＿＿＿＿＿＿＿＿＿＿＿.

❷ この歌が<u>最近流行っている曲なんですね</u>。

이 노래가 요즘 ＿＿＿＿＿＿＿＿＿＿＿＿.

❸ 日本の夏は<u>暑いんですね</u>。

일본 여름은 ＿＿＿＿＿＿＿＿＿＿＿.

❹ このカフェの雰囲気がとても<u>良いですね</u>。

이 카페 분위기가 참 ＿＿＿＿＿＿＿＿＿＿.

❺ 末っ子の娘（さん）がとても<u>かわいいですね</u>。

막내 딸이 엄청 ＿＿＿＿＿＿＿＿＿＿＿.

A 유행하는 노래군요 **B** 좋네요 **C** 귀엽네요
D 크군요 **E** 덥군요

190

STEP 2　日本語の意味に合うように、下線部を韓国語にしてみましょう。　🔊 22-02

❶ 韓国の秋は肌寒いですね。

한국 ＿＿＿＿＿＿＿＿ 은 ＿＿＿＿＿＿ .

❷ 噂どおり看板メニューがとてもおいしいですね。

＿＿＿＿＿＿＿ 대로 시그니처 메뉴가 정말 ＿＿＿＿＿＿ .

❸ 大阪に3年住んでたんですね。

오사카 ＿＿＿＿＿＿＿＿ 3년 ＿＿＿＿＿＿＿ .

❹ 価格が安いのに質が良いですね。

＿＿＿＿＿＿＿ 이 싼데 질이 ＿＿＿＿＿＿＿ .

❺ 息子さんが本をたくさん読むんですね。

아들이＿＿＿＿＿＿ 을 많이 ＿＿＿＿＿＿＿ .

STEP 3　次の日本語を韓国語に訳してみましょう。ヒントを参考にしてくださいね。　🔊 22-03

❶ 辛い食べ物をよく召し上がりますね?

＿＿＿＿＿＿＿＿＿＿＿＿＿＿＿＿＿＿＿＿＿＿＿＿＿＿

❷ もう金曜日なんですね。

＿＿＿＿＿＿＿＿＿＿＿＿＿＿＿＿＿＿＿＿＿＿＿＿＿＿

❸ 髪切りましたか？　よく似合いますね。

_____

❹ 意外とここの服って高いんですね。

_____

❺ 急に雨が降ってきましたね。

_____

ヒント

ちょっとだけヒントね!　①、③、⑤は〜네요
を、②、④は〜군요を使ってみよう!

STEP 4　音声を聞きながらSTEP1〜3の文を発音してみましょう。

語句

■**바지**：ズボン　■**크다**：大きい　■**유행하다**：流行る　■**여름**：夏　■**노래**：歌
■**분위기**：雰囲気　■**참**：とても　■**막내**：末っ子　■**딸**：娘　■**엄청**：とても、めっちゃ
■**〜귀엽다**：かわいい　■**가을**：秋　■**쌀쌀하다**：肌寒い　■**소문**：噂
■**〜대로**：〜のとおり　■**시그니처**：シグネチャー、看板、シンボル　■**메뉴**：メニュー
■**살다**：住む、生きる　■**가격 (=값)**：価格　■**싸다**：安い　■**질**：質　■**아들**：息子
■**책**：本　■**읽다**：読む　■**맵다**：辛い　■**드시다**：召し上がる　■**벌써**：もう
■**머리 (=머리카락)**：髪、頭　■**어울리다**：似合う　■**의외로**：意外と　■**여기**：ここ
■**비싸다**：(値段が)高い　■**갑자기**：急に

Answer

STEP 1

1 D/ 크군요 **2** A/ 유행하는 노래군요 **3** E/ 덥군요
4 B/ 좋네요 **5** C/ 귀엽네요

---

 ⑤相手の娘さんのことを딸이と言ってもOKだけど、따님（「娘」の尊敬語）と言ったほうがよりていねいだよ。

 「とても」は참の代わりに
정말、진짜、너무、엄청のどれを使ってもOK!

STEP 2

1 가을、쌀쌀하네요 **2** 소문、맛있네요 **3** 에서、살았군요
4 가격 (값)、좋네요 **5** 책、읽는군요

 韓国では「イチオシ、おすすめ」のことを시그니처と言うよ。
例 여기 시그니처 메뉴가 뭐예요?
ここの看板メニューは何ですか？

STEP 3

1 매운 음식을 잘 드시네요? **2** 벌써 금요일이군요 .
3 머리 잘랐어요? 잘 어울리네요 . **4** 의외로 여기 옷이 비싸군요 .
5 갑자기 비가 오네요 .

 머리카락（髪の毛）は縮めて머리と言うことがほとんど。「頭」という意味もあるけど誤解しないでね。

 ええーーー!!　「頭を切る」じゃないんだ！
知らなければホラーになるところだったな。

次の予定を決めてみよう

〜だけど、〜だが

まずは下のテヒョンとハルの会話を読んでみましょう。Ⓐ、Ⓑの部分が今回の
ポイント表現です。空欄に当てはまる韓国語を予想してみてくださいね。

🔊 23 ‖‖‖ 📶 🔋

 테히은 우리 또 언제 볼 수 있을까?
俺たち今度いつ会えるのかな？

일이 있어서 한국에는
仕事があるから韓国には
3개월 뒤에 갈 수 있을 거 같아 ㅠㅠ
行けるのは3か月先かな泣 ハル

 테히은 **한참 남았네 ㅠㅠ①**
結構先だね泣
다음에는 내가 일본에 갈게!
今度は俺が日本に行くよ！

진짜?
本当に？ ハル

 테히은 **응! 약속할게!**
うん！ 約束するよ！
다음 달에 Ⓐ＿＿＿＿＿＿ 그때 갈까?
来月休みがあるんだけどその時に行こうかな？

오빠가 와 주면
オッパが来てくれたら

❸_____ 무리하는 거 아니야?
すごくうれしいけど無理してるんじゃないの?

괜찮아 ㅎㅎ
大丈夫だよ笑

내가 가고 싶어서 가는 거야
俺が行きたくて行くんだから

응! 그럼 다행이다…
うん！　ならよかった…

날짜 미리 알려주면 내가 가이드 해 줄게!
日程を先に教えてくれたら、私がガイドするね！

会話のコツ

① **한참 남았네**（はるかに〈時間が〉残ったね）は直訳すると意味がわかりにくいので、「結構遠いね、結構先だね」という意味で丸ごと覚えてしまいましょう。遠距離カップルの会話でよく使われるフレーズかも！

答えてみよう
❹、❸の日本語を韓国語にしてみましょう。
正解は次のとおりです。

❹ 休みがあるんだけど
쉬는 날이 있는데

❸ すごくうれしいけど
너무 좋지만

語句

■**언제**：いつ　■**～개월**：～か月　■**뒤**：後ろ、あと　■**한참**：はるかに　■**남다**：残る

■**다음에**：今度　■**다음 달**：来月　■**쉬는 날**：休み　■**쉬다**：休む　■**날**：日

■**그때**：その時　■**무리하다**：無理する　■**그럼**：では、なら　■**다행이다**：よかった

■**날짜**：日付、日程　■**미리**：あらかじめ、前もって　■**알려주다**：教えてあげる、教えてくれる

■**가이드**：ガイド

〜だけど、〜だがをマスター！

① 〜だけど　語幹 + ㄴ/은/는데

日常会話でもっともよく使う逆説表現です。前に来る単語によって、接続部分の形が変わるので注意しましょう。

● 動詞・存在詞 → 語幹 + 는데

例 저는 한국어를 배우는데 언니는 영어를 배워요.

　　私は韓国語を習っているけど、姉は英語を習っています。

習う　　　　　習うけど

> パッチムのあるなしは関係ないよ！

● 形容詞 → 語幹 + ㄴ/은데

例 머리는 아픈데 열은 없어요.

　　頭は痛いけど熱はありません。

아프다
痛い

아프 ㄴ데
아픈데
痛いけど

> 語幹末にパッチムがない時はㄴ데、パッチムがある時は은대をつけよう

● 名詞 → 名詞 + 인데

例 주말인데 사람이 없어요.

　　週末なのに人がいません。

주말　　　주말 인데
週末　　　週末なのに

> 名詞につく時はシンプルでいいね！

●逆接以外の意味で使われる∟/은/는데とは？

-∟/은/는데は、次のような方法でネイティブの会話でとてもよく使われます。

1 前置きとして使われる！

前置きとは文章や会話などで、本題に入る前にそれに関連したことを述べること。この場合-∟/은/는데は「〜けどね、〜けどさ、〜する時、〜だから（……と本題）」と訳されることが多いです。

例 **새로 네일 했는데 너무 마음에 들어!**

新しくネイルしたんだけどさ、めっちゃ気に入ってる！

2 文末に使って遠回しな言い方などができる

文末に-∟/은/는데を使うと、「〜ですが……、〜ですけど……」といった遠回しな表現ができ、質問に解答したり、反対意見を言ったりする時に角が立たないようにすることができます。ほかにも独り言のようにつぶやいて、相手の返答を期待する時にも使います。

例 A:**오늘은 제가 살게요.** 今日は私がおごりますね。

B:**괜찮은데….** 大丈夫ですけど…（そんなことしなくていいのに）。

→ 独り言のように、やや遠回しに意見している

---

2 〜だが　語幹 + 지만

かしこまったニュアンスがあり、ビジネスシーンやニュースなどオフィシャルな場での会話、書き言葉で使われることがほとんどです。

많다
多い

많 + 지만
多いが

例 **아직 해결해야 할 문제가 많지만 전망이 있는 회사입니다.**

まだ解決しないといけない問題は多いが、見込みがある会社です。

練習してみよう!

STEP 1 日本語の意味に合うように、以下の語句から正しい 韓国語を選びましょう。 🔊 23-01

❶ このクッパは安いけどおいしいです。

이 국밥은 _____ 맛있어요.

❷ 大したものではないですがこれ受け取ってください。

별 거 _____ 이거 받으세요.

> プレゼントやお土産を渡す
> 時に使ってみたい!

❸ 私はよくわかりませんが。

전 잘 _____ .

❹ 腰が痛いけど仕事しに行きました。

허리가 _____ 일하러 갔어요.

❺ 努力しましたが仕方ないですね。

_____ 어쩔 수 없네요.

Ⓐ 아니지만 Ⓑ 아픈데 Ⓒ 노력했지만
Ⓓ 싼데 Ⓔ 모르겠는데요

日本語の意味に合うように、下線部を韓国語にしてみましょう。ヒントを参考にしてくださいね。

🔊 23-02

❶ カフェに寄りましたが、何か買っていきましょうか?

카페에＿＿＿＿＿＿＿＿＿＿ 뭐 사서 ＿＿＿＿＿＿＿＿＿＿?

❷ 妻と喧嘩したくないのですが、ずっとムカついています。

※「〜したくない」は語幹+기 싫다という表現を使います。

＿＿＿＿＿＿＿＿＿ 랑 ＿＿＿＿＿＿＿＿＿자꾸 화나요.

❸ うとうとしましたが(していたら)先生にバレました。

깜빡 ＿＿＿＿＿＿＿ 선생님 ＿＿＿＿＿＿ 들켰어요.

❹ すみませんがWi-Fiの暗証番号は何ですか?

＿＿＿＿＿＿＿ 와이파이 ＿＿＿＿＿＿ 는 뭐예요?

❺ お餅はカロリーが高いですが一番好きです。

＿＿＿＿＿＿＿ 은 칼로리가 ＿＿＿＿＿＿제일 좋아해요.

ヒント

問題①〜③は語幹+ㄴ/은/는데、④、⑤は語幹+지
만を使ってみよう。-ㄴ/은/는데を前置きとして使っ
ている場合もあるよ

❶ 山を登っていたらリスを見ました。

❷ 赤ちゃんが泣いてるんですけど、どうしたらいいですか?

❸ 勉強しなければならないのにとても眠いです。

ヒント

問題①〜③は語幹+ㄴ/은/는데、④⑤は語幹+지만を使ってみよう

❹ 毎日練習していますがむずかしいです。

❺ いつも思うんですけど、このサイトは配送が早くていいです。

STEP 4　音声を聞きながらSTEP1〜3の文を発音してみましょう。

語句

■국밥：クッパ　■싸다：安い　■별 거 아니다：大したことではない　■받다：もらう、受け取る
■모르다：わからない　■허리：腰　■아프다：痛い　■노력하다：努力する　■어쩔 수 없다：
仕方ない　■들르다：立ち寄る　■아내：妻　■싸우다：喧嘩する　■자꾸：よく、頻繁に、しきりに
■화나다：ムカつく　■깜빡：うっかり　■졸다：うとうとする、居眠りする　■선생님：先生
■〜한테(=에게)：〜(人)に　■들키다：バレる　■죄송하다：申し訳ない　■와이파이：Wi-Fi
■비밀번호：パスワード、暗証番号　■떡：お餅　■칼로리：カロリー　■높다：高い　■산：山
■오르다：登る　■다람쥐：リス　■졸리다：眠い　■생각하다：思う、考える
■아기：赤ちゃん　■울다：泣く　■어떻게：どうやって　■매일：毎日
■연습하다：練習する　■어렵다：むずかしい　■항상(=늘、언제나)：いつも
■사이트：サイト　■배송：配送　■빠르다：早い

Answer

STEP 1

1 D / 싼데　**2** A / 아니지만　**3** E / 모르겠는데요
4 B / 아픈데　**5** C / 노력했지만

---

 ③모르는데요より、모르겠는데요のように겠を入れて言うとより柔らか口調になるんだ!

STEP 2

1 들렀는데、갈까요　**2** 아내、싸우기 싫은데
3 좋았는데、한테 (에게、께)　➡께を使うとよりていねいになる
4 죄송하지만、비밀번호　**5** 떡、높지만

---

 ②語幹＋기 싫다で「〜したくない、〜することが嫌だ／嫌いだ」という意味。운동하기 싫어(運動したくない)など、よく使う表現だよ。

STEP 3

1 산을 오르고 있었는데 (오르는데) 다람쥐를 봤어요 .
2 아기가 우는데 (울고 있는데) 어떻게 해야 해요 (돼요)?
3 공부해야 하는데 너무 졸려요 .
4 매일 연습하고 있지만 어려워요 .
5 항상 생각하지만 이 사이트는 배송이 빨라서 좋아요 .

---

 ①오르다の代わりに、올라가다(上がる、上がっていく)を使ってもOK。올라가고 있었는데/올라가는데→○

 ⑤항상 생각하지만(いつも思うけど)のほかに、항상 느끼지만(いつも感じるけど)もよく使うよ。直訳するとちょっと不自然に感じるかもしれないけど同じ意味なんだ。

チケットを取ろう！

～しなくちゃ、～するつもりです

まずは下のテヒョンとハルの会話を読んでみましょう。Ⓐ、Ⓑの部分が今回のポイント表現です。空欄に当てはまる韓国語を予想してみてくださいね。

🔊 24 ⋯ 📶 📶 🔋

오늘 일본 가는 티켓 끊었어!
今日、日本行きのチケット取ったよ！

진짜? 언제야?
本当？ いつ？

10월 8일 오후 2시 비행기야!
10月8日午後2時の飛行機だよ！

메모해 둘게! 그날 오빠 좋은
メモしとくね！ その日はオッパをいいところに

곳 데리고 Ⓐ＿＿＿＿＿!
連れていかなきゃ！

어디 Ⓑ＿＿＿＿＿＿?
どこに連れてってくれるの？

쉿! 비밀이야 ㅋㅋ
しーっ！ 秘密だよ笑

일본에 오면 알려 줄게!
日本に来たら教えてあげる！

テヒョン

> 기대할게! ㅋㅋ
> 楽しみにしてる笑
>
> 진짜 맛있는 스시 먹고 싶어
> めっちゃおいしい寿司が食べたい

> 분위기 좋은 곳으로 예약해 둘게!
> いい感じのところを予約しとくね！

ハル

答えてみよう | ❹、❺の日本語を韓国語にしてみましょう。正解は次のとおりです。

❹ いかなきゃ
가야지

❺ 連れてってくれるの
데려갈 거야

JOOのひとこと

韓国語の日付の読み方は、日本語と同じように漢数字で「月(월)」「日(일)」を使って言うんだ。ただし、6月と10月の読み方はちょっと変わってるから注意しよう！

~月 漢数字+월	＋	~日 漢数字+일

6월　→　✕[육월]　○[유월]　　10月월 ✕[십월]　○[시월]

例 ・3월 13일（삼월 십삼일）　・7월 4일（칠월 사일）

語句

■**티켓**：チケット　■**끊다**：（チケットを）取る、切る　■**비행기**：飛行機

■**메모하다**：メモする　■**그날**：その日　■**데리고 가다**：連れていく　■**곳(=데)**：ところ

■**쉿**：しーっ　■**비밀**：秘密　■**기대하다**：期待する　■**분위기**：雰囲気

■**예약하다**：予約する

〜しなくちゃ、〜するつもりですをマスター！

1 〜しなくちゃ、〜しよっと　아/어形 + 야지

「〜しなくちゃ、〜しなくては、〜しよっと」などと、カジュアルに自分の意思を伝えたり、相手に提案する時の表現です。청소해야지（掃除しなきゃ）などのように、独り言でよく使う表現なので、自分がよく使うフレーズで練習するとすぐに覚えられます！

原形　　아/어形 ◁ 야지

마시다　　마셔 ◁ 야지
飲む　　　　飲もうと

例 샤워해야지.
シャワー浴びよっと。

例 커피 마셔야지.
コーヒー飲まなきゃ。

2 〜するつもりです　語幹 + ㄹ/을 거예요

これから何かをしようという意思を表す表現です。日本語では「〜します！」と訳されることが多く、わりとはっきり決まってることについてよく使います。語幹末にパッチムがあるかないかで、接続のしかたが変わります。

● パッチムがない
　→語幹＋ㄹ 거예요

寝る

パッチム なし

寝るつもりです

● パッチムがある
　→語幹＋을 거예요

(タバコなど)をやめる　パッチム あり

やめるつもりです

-ㄹ/을 거예요には「～と思います」みたいな意味もなかった？

よく知っててね。
そうなんだ

●語幹＋ㄹ/을 거예요のもうひとつの意味

-ㄹ/을 거예요は「推測」の表現でもあるので、「～すると思います、～でしょう」という意味もあります。ポイントは主語が自分ではない、つまり二人称、三人称を使うこと！　文脈でも意味がつかめない時は、とりあえず主語をチェックしてみましょう。

練習してみよう！

STEP 1 日本語の意味に合うように、以下の語句から正しい韓国語を選びましょう。 🔊 24-01

❶ 明日から間食を<u>減らすつもりです</u>。

내일부터 간식을 ＿＿＿＿＿＿＿＿＿＿＿＿＿.

❷ 早く家に帰って<u>休まなくちゃ</u>。

일찍 집에 가서 ＿＿＿＿＿＿＿＿＿＿＿＿＿.

❸ 明日郵便局で手紙を<u>送るつもりです</u>。

내일 우체국에서 편지를 ＿＿＿＿＿＿＿＿＿＿＿＿＿.

❹ 手を洗って<u>ご飯食べなくちゃ</u>。

손 씻고 ＿＿＿＿＿＿＿＿＿＿＿＿＿.

❺ 来年は韓国の友だちと<u>付き合うつもりです</u>。

내년에는 한국 친구를 ＿＿＿＿＿＿＿＿＿＿＿＿＿.

A 밥 먹어야지 **B** 쉬어야지 **C** 줄일 거예요
D 사귈 거예요 **E** 부칠 거예요

STEP 2 日本語の意味に合うように、下線部を韓国語にしてみましょう。 🔊 24-02

❶ <u>一</u>日に<u>一つ</u>ずつ単語を<u>覚えなくちゃ</u>。

하루에 ＿＿＿＿＿ 씩 단어를 ＿＿＿＿＿.

❷ 運動を頑張って筋肉を鍛えるつもりです。

운동을 열심히 해서 ＿＿＿ 을 ＿＿＿＿＿ .

❸ 天気が良いから洗濯をしなくちゃ。

＿＿＿ 가 좋으니까 ＿＿＿＿＿＿＿ .

❹ 歯医者に行って親知らずを抜くつもりです。

＿＿＿ 에 가서 사랑니를 ＿＿＿＿＿＿ .

❺ お金を貯めて韓国に留学するつもりです。

＿＿＿＿＿ 을 모아서 한국에 ＿＿＿＿ .

Chapter5 これからの私たち

親知らずは「恋をする頃に生える歯」という意味で사랑(愛)+니(歯)というんだ

あらま〜韓国語ってこんなにロマンチックだったっけ♡?

STEP 3   次の日本語を韓国語に訳してみましょう。   ◀)) 24-03

❶ そろそろ出る準備しなくちゃ。

＿＿＿＿＿＿＿＿＿＿＿＿＿＿＿＿＿＿＿＿

❷ 良い結果を出して会社で認められる(認めてもらう)つもりです。

＿＿＿＿＿＿＿＿＿＿＿＿＿＿＿＿＿＿＿＿

❸ この事実をみんなに知らせるつもりです。

_____

❹ 窓側の席に座らなくちゃ。

行きつけのカフェに行った時に使ってみよう！

_____

❺ 今からエビを油で揚げるつもりです。

_____

STEP 4　音声を聞きながらSTEP1〜3の文を発音してみましょう。

できる
かもー！

┌─────┐
│ **語 句** │
└─────┘

■**간식**：間食、おやつ　■**줄이다**：減らす　■**우체국**：郵便局　■**편지**：手紙　■**부치다**：送る
■**손**：手　■**씻다**：洗う　■**사귀다**：付き合う　■**하루**：1日　■**~씩**：〜ずつ　■**단어**：単語
■**외우다**：覚える　■**운동**：運動　■**열심히 하다**：頑張る　■**근육**：筋肉
■**키우다**：育てる、飼う、大きくする　■**근육을 키우다**：筋肉を鍛える（=**단련하다**）
■**날씨**：天気　■**빨래하다(=세탁하다)**：洗濯する　■**치과**：歯医者　■**사랑니**：親知らず
■**뽑다(=빼다)**：抜く　■**돈**：お金　■**유학(을) 가다(하다)**：留学に行く、留学する
■**슬슬**：そろそろ　■**나가다**：出る　■**준비하다**：準備する　■**결과**：結果　■**내다**：出す
■**회사**：会社　■**인정받다**：認定される、認められる
■**사실**：事実　■**모두**：みんな　■**알리다**：知らせる

┌───────────────────┐
│ 「油で揚げる」を直訳せずに「油に │
│ 揚げる(기름에 튀기다)」と │
│ いうのがほとんど │
└───────────────────┘

■**창가**：窓側　■**자리 (＝좌석)**：席　■**앉다**：座る
■**새우**：エビ　■**기름**：油　■**튀기다**：揚げる

Answer

STEP 1

❶ C / 줄일 거예요　❷ B / 쉬어야지　❸ E / 부칠 거예요

❹ A / 밥 먹어야지　❺ D / 사귈 거예요

STEP 2

❶ 하나, 외워야지　❷ 근육, 키울 거예요　❸ 날씨, 빨래 해야지

❹ 치과, 뽑을 거예요　❺ 돈, 유학을 갈 거예요

---

②키우다(育てる)の代わりに直訳の단련하다(鍛える)を使ってもいいけど、韓国では근육을 만들다(筋肉を作る)、근육을 키우다(筋肉を育てる)といった表現のほうがよく使うよ。

⑤유학(留学)につく動詞は가다(行く)でも하다(する)でもOKだけど、助詞の使い方に注意しよう。韓国語では「留学を」と言うから助詞을/를を使うんだ。

~에 유학을 가다(하다)　～に留学に行く(する)

~에서 유학을 하다　　～で留学をする

×　유학에 갈(할)　가다

STEP 3

❶ 슬슬 나갈 준비해야지.

❷ 좋은 결과를 내서 회사에서 인정받을 거예요.

❸ 이 사실을 모두에게 알릴 거예요.　❹ 창가 자리에 앉아야지.

❺ 지금부터 새우를 기름에 튀길 거예요.

---

④창가(窓際)、복도(通路側)は乗り物に乗る時によく聞くね。

こんなふうに使うんだ。

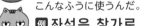
例 **좌석은 창가로 해 드릴까요?**　席は窓側にしますか?

　　복도로 해 주세요.　通路側でお願いします。

今会いにゆきます

副詞

まずは下のテヒョンとハルの会話を読んでみましょう。Ⓐ、Ⓑの部分が今回の
ポイント表現です。空欄に当てはまる韓国語を予想してみてくださいね。

🔊) 25　　　　　　　　　　　　　　.ooll 🛜 🔋

テヒョン

나 인천 공항에 도착했어!
俺、仁川空港に着いたよ！

한 시간 뒤 출국이야!
1時間後に出国するよ！

와! 너무 기대돼! ①
わ〜い！　めっちゃ楽しみ！

ハル

テヒョン

나도 ㅎㅎ
俺も笑

Ⓐ_____ 만나고 싶어 하루야
早く会いたいよハル

나도 보고 싶어 오빠
私も会いたいよオッパ

ハル

テヒョン

이번에는 같이 사진 많이 찍자!
今回は一緒に写真たくさん撮ろうね！

응! 저번엔 사진을
うん！　前回は写真を

ハル

못 찍어서 아쉬웠어
撮れなくて残念だったんだ

テヒョン

B _____ 갈게!
すぐ行くね!

조금만 기다려 줘!!
もうちょっとだけ待っててね!!

ハル

응! 기다릴게 오빠♡
うん!　待ってるよ　オッパ♡

会話のコツ

① 기대되다（期待される、楽しみだ）と기대하다（期待する）はとても似た単語ですが、「楽しみだ」と表現したい時は기대되다を使うのが正解!　よく使うフレーズでニュアンスの違いを覚えておきましょう。

例 기대돼요!　楽しみです!

　　기대할게요!　楽しみにしてますね!

Chapter5　これからの私たち

答えてみよう | **A**、**B**の日本語を韓国語にしてみましょう。正解は次のとおりです。

A 早く
빨리

B すぐ
금방 ※곧、바로でもOK!

語句

■**인천**：仁川(地名)　■**공항**：空港　■**도착하다**：到着する、着く　■**뒤(=후)**：後

■**출국**：出国　■**입국**：入国　■**이번**：今回　■**저번**：前回　■**찍다**：撮る

■**아쉽다**：残念だ、惜しい　■**기대되다**：楽しみだ　■**기대하다**：期待する　■**빨리**：早く

■**금방**：すぐ　■**조금만**：少しだけ　■**기다리다**：待つ

副詞をマスター！

「とても」「めっちゃ」「すぐ」などの副詞を活用すると、より豊かに話せるようになりますよね！　日本語は韓国語と語順が同じなので副詞の意味さえ覚えておけば、使うのも簡単です。

副詞	意味	例文
자주	よく、頻繁に、しきりに	자주 오는 곳이에요? よく来るところですか?
가끔	たまに	가끔 와요. たまに来ます。
잘	よく、よろしく	잘 부탁해요. よろしくお願いします。
빨리	早く	빨리 가 주세요. 早く行ってください。
천천히	ゆっくり	천천히 말씀해 주세요. ゆっくりおっしゃってください。
같이	一緒に	같이 갈래요? 一緒に行きませんか?
따로	別々に	따로 따로 해 주세요. (お会計する時に)別々でお願いします。
진짜 =정말	本当に	진짜 맛있어요. 本当においしいです。
조금	少し	조금만 기다려 주세요. 少しだけお待ちください。
좀	ちょっと	좀 춥지 않아요? ちょっと寒くないですか?
많이	たくさん	많이 주세요. たくさんください。
너무	とても、〜すぎる	너무 좋아. とても良い、良すぎる。
대충	大体、ざっと、適当に	대충 먹었어요. 適当に食べました。

副詞	意味	例文
항상 =늘、언제나	いつも	**항상 고마워요.** いつもありがとうございます。
별로	イマイチ、 別に、あまり	**별로예요.** イマイチです
아직	まだ	**아직 안 했어요.** まだやっていません。
이미	もう、すでに (すでに完了した ことに対して言う 時に使う)	**이미 지난 일이에요.** もう過ぎた(終わった)ことです。
벌써	もう (予想より早い時 によく使う)	**벌써 다 했어?** もう全部やったの?
이제	今、もうすぐ、 これから	**이제 도착해요.** もうすぐ着きます。
다시	もう一度、 再び	**다시 해 볼까?** もう一度やってみようか?
그냥	ただ、 ふつうに	**그냥 그래요.** ふつうです(可なく不可もなく)。
더	もっと	**이거 더 주세요.** これもっとください。 ＊おかわりする時によく使う
다 =전부、전부 다	全部	**이거 다 얼마예요?** これ全部でいくらですか?
또	また、さらに	**또 주세요.** またください(もっとください)。 ＊おかわりや再注文の時に使える表現
혹시	もしかして	**혹시 일본 사람이에요?** もしかして日本人ですか?
꼭	ぜひ、絶対	**꼭 가세요!** ぜひ行ってください!
절대	絶対	**절대 가지 마세요.** 絶対行かないでください。 ＊「絶対」を意味する言葉に꼭と절대があり、꼭は肯定文、절대は 否定文で使われます。

表に載っている単語以外に
も「とても」を意味する
言葉って多くない?

そうだね。でもネイティブがふだんよく使う「とて
も」はこの3つ。너무、되게、엄청。逆に매우、참、
무척は意外と会話ではあまり使わないんだ

練習してみよう！

STEP 1　日本語の意味に合うように、以下の語句から正しい韓国語を選びましょう。　◀)) 25-01

❶ よく夜遅くまでゲームをします。

_____ 밤늦게까지 게임을 해요.

❷ これ全部セール品ですか?

이거 _____ 세일 상품이에요?

❸ 転職ができなくて(うまくいかず)いつも不安です。

이직이 안 돼서 _____ 불안해요.

❹ 私は絶対成功します(成功するつもりです)。

저는 _____ 성공할 거예요.

❺ 先週末にはふつうに家にいました。

저번 주말에는 _____ 집에 있었어요.

Ⓐ 다　Ⓑ 자주　Ⓒ 그냥
Ⓓ 꼭　Ⓔ 늘 (항상)

---

③「転職」は韓国語では이직(離職)と言うことが多いよ

214

STEP 2　日本語の意味に合うように、下線部を韓国語にして
みましょう。　🔊 25-02

❶ <u>早く</u>韓国語<u>が</u>上手<u>になりたいです</u>。

_____ 한국어 _____잘하고 싶어요.

❷ この映画、<u>本当におすすめです</u>。

이 영화 _____ .

❸ 今日行けなくても<u>また今度</u>行け<u>ば大丈夫です</u>。

오늘 못 가도 _____ 다음에 _____ .

❹ もう一度資格に<u>挑戦してみようか</u>？

_____ 자격증에 _____?

❺ <u>もしかして</u>この人<u>ご存じですか</u>？

_____ 이 사람 _____?

STEP 3　次の日本語を韓国語に訳してみましょう。　🔊 25-03

❶ 買い物もよかったけど、試供品をもらえてよりうれしいです。

_____

❷ これから何するつもりですか？

_____

❸ たまに旅行に行きたくなる時があります。

❹ 今月の給料は大体250万ウォンぐらいになりそうです。

❺ この話は絶対他の人に言わないでください。

しぃーっ!
ここだけの話ね

STEP 4　音声を聞きながらSTEP1～3の文を発音してみましょう。

何だっけ…

よく
思い出してみて

語句

■**밤늦게**：夜遅く　■**세일**：セール　■**상품**：商品　■**이직**(離職)：転職
■**불안하다**：不安だ　■**성공하다**：成功する　■**주말**：週末　■**잘하다**：上手だ
■**영화**：映画　■**추천하다**：おすすめする、推薦する　■**다음에**：今度　■**자격증**：資格証
■**도전하다**：挑戦する　■**알다**：知る、わかる　■**쇼핑**：買い物
■**사은품**：贈呈品、試供品、おまけ　■**여행**：旅行　■**월급**：給料　■**정도**(쯤)：くらい
■**이야기**(=얘기)：話　■**꼭**：絶対 ➡ 肯定文のときに使われる。否定文の場合は**절대**を使う
■**다르다**：違う、異なる　■**다른~**：他の～、違う～

Answer

STEP 1

❶B / 자주　❷A / 다　❸E / 늘 (항상)
❹D / 꼭　❺C / 그냥

 あれ？ ①の「よく」って잘じゃないの？

 「よろしく」という意味では잘を、「頻繁に」という意味では자주を使うよ。
①は「頻繁に」というニュアンスだから자주がふさわしいんだ。

STEP 2

❶빨리、를　❷진짜 추천해요　❸또、가면 돼요 (괜찮아요)
❹다시 (다시 한번)、도전해 볼까　❺혹시、아세요

---

 ①何回か出てきたけど、「～が上手だ」は～을/를 잘하다と言うよ。

 ②強くイチオシしたい時は、추천하다 (推薦する)の代わりに강력하게
추천하다 (強力に推薦する)を縮めて강추하다と言うことも多いよ。

　　　例 **이 메뉴 진짜 강추야!** このメニューめっちゃおすすめだよ！

STEP 3

❶쇼핑도 좋았는데 사은품을 받아서 더 좋아요 (기뻐요).
❷이제 뭐 할 거예요?　❸가끔 여행을 가고 싶을 때가 있어요.
❹이번 달 월급은 대충 250만원 정도일 것 같아요 (～정도 될 것 같아요).
❺이 이야기 (얘기)는 절대 다른 사람한테 하지 마세요.

---

 ①試供品は사은품、もしくは샘플 (サンプル)と言うんだ。

 韓国のコスメショップは사은품をいっぱいもらえるからうれしい！

本書に掲載した表現一覧

表現	意味	メモ	ページ
名詞 + 예요/이에요	〜です		P18
名詞 + 입니다	〜です	かしこまったニュアンス	P18
名詞 + (가/이) 아니에요	〜ではありません		P18
名詞 + (가/이) 아닙니다	〜ではありません	かしこまったニュアンス	P18
있어요、있습니다	あります、います	있습니다は かしこまったニュアンス	P24
없어요、없습니다	ありません、いません	없습니다は かしこまったニュアンス	P24
아/어形 + 요(ヨ体)	〜です、〜します	日常会話でよく使う丁寧語	P30
語幹 + ㅂ/습니다	〜です、〜します	かしこまったニュアンスで 会社などオフィシャルな場で よく使う丁寧語	P31
語幹 + 고 싶다	〜したい		P46
名詞 + 를/을 좋아하다	〜が好きだ		P54
語幹 + ㄹ/을 수 있다	〜ができる		P54
語幹 + ㄹ/을 수 없다	〜ができない		P54
아/어形 + 도 되다	〜してもいい		P62
語幹 + 지 말다	〜しないで		P63
語幹 + 고 있다	〜している	ある「動作」を進行している	P70

表現	意味	メモ	ページ
아/어形 + 있다	～している	ある動作が完了し、その「状態」が継続している	P70
아/어形 + 야 되다/하다	～しなければならない		P71
語幹 + (으)세요	～されます		P78
아/어形 + 주세요	～してください		P79
안 + 動詞・形容詞	～しない	ていねいな表現は 語幹+지 않다	P86
못 + 動詞	～できない	ていねいな表現は 語幹+지 못하다	P86
아/어形 + ㅆ어요	～しました、～でした		P96
語幹 + 고	～して、～くて		P104
아/어形 + 서	～して、～なので		P104
語幹 + (으)면 되다	～すればいい		P112
語幹 + (으)면 안 되다	～してはいけない		P113
語幹 + ㄴ/은	動詞の過去連体形		P120
語幹 + 던	存在詞・形容詞・指定詞 の過去連体形		P120
語幹 + 는	動詞・存在詞の 現在連体形		P120
語幹 + ㄴ/은	形容詞・指定詞の 現在連体形		P120
語幹 + ㄹ/을	未来連体形		P120

表現	意味	メモ	頁
連体形 + 것 같다	～みたいだ、～ようだ		P128
語幹 + 나 보다	～みたいだ、～のようだ	動詞・存在詞・形容詞につく場合	P129
語幹 + ㄴ/은가 보다	～みたいだ、～のようだ	形容詞につく場合	P129
名詞 + 인가 보다	～みたいだ、～のようだ	名詞につく場合	P129
語幹 + ㄹ/을래요?	～しますか?	語幹+ㄹ/을래요 ～します <small>(「～したいです」というニュアンスがある)</small>	P138
語幹 + ㄹ/을까요?	～しましょうか?		P139
아/어形 + 두다/놓다	～しておく		P147
語幹 + (으)러	～しに		P162
語幹 + ㄹ/을게요	～しますね		P163
아/어形 + 보다	～してみる		P170
語幹 + ㄴ/은 적(이) 있다	～したことがある		P170
語幹 + ㄴ/은 적(이) 없다	～したことがない		P171
語幹 + 지요?	～でしょ?、～ですよね?	縮めて죠? と言うことが多い	P171
語幹 + (으)니까	～だから		P180
語幹 + 기 때문에	～ということで、～するため		P180
語幹 + 네요	～ですね、～しますね		P188

表現	意味	メモ	ページ
語幹 + 군요	~なんですね、 ~なんでしょうね		P188
語幹 + ㄴ/은/는데	~だけど		P196
語幹 + 지만	~だが		P197
아/어形 + 야지	~しなくちゃ、~しよっと		P204
語幹 + ㄹ/을 거예요	~するつもりです		P204

🔍 ステップアップ表現

本章に出てきた中級以降で学ぶ表現もまとめておきます。

表現	意味	メモ	ページ
~(이)라고 하다	~と言う		P23
語幹 + ㄹ/을지도 모르다	~かもしれない		P77
~(이)라고요?	~ですって?		P77
아/어形 + 야 알다	~しないとわからない		P103
語幹 + ㄴ/는다고 그랬지?	~んだっけ?、 ~って言ったっけ?	動詞の場合は語幹+ㄴ/는다고 그랬지？、形容詞の場合は語幹+다고 그랬지？	P137
語幹 + ㄹ/을지	~のか		P145
語幹 + 기 싫다	~したくない		P199

ヨ体の変則活用

語幹末にㅂ、ㅎ、ㅅ、ㄷ、ㅡ、ㄹのパッチムがある場合、ヨ体の基本ルール（30ページ参照）とは異なる活用をします。このような活用のことを「変則活用」と言い、大別すると「取るパターン」と「変えるパターン」の2つに分けることができます。

取 る パ タ ー ン

ㅂ 変則	ㅎ 変則	ㅅ 変則
워 (ウォ)	**그래**	**捨**
❶ ㅂを取る ❷ 워をつける	❶ ㅎを取る ❷ 封印するように線を引く	❶ ㅅを取る ❷ 基本ルールで変える
例 **맵다** 辛い ❶ → **매** ❷ → **매워** → **매워요** 辛いです	例 **어떻다** どうだ ❶ → **어떠** ❷ → **어때** → **어때요？** どうですか？	例 **낫다** 治る ❶ → **나** ❷ → **나아** → **나아요** 治ります

変 え る パ タ ー ン

ㄷ 変則	으（ㅡ）変則	르 変則
持ち手が変わったんだ！ 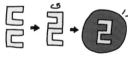	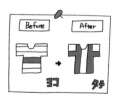	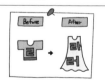
❶ ㄷ → ㄹに変える ❷ 基本ルールで変える	으（ㅡ）の前の母音が ❶ ㅏかㅓ → ㅏに変える ❷ それ以外 → ㅓに変える	❶ 르の直前の文字にㄹをつける ❷ 르の前の母音がㅏかㅓ → 르を라に、それ以外 → 르を라に、それ以外 → ㅓを라に変える
例 **걸어요** 歩く → **걷** ❶ → **걸어** ❷ → **걸어요** 歩きます	例 **배고프다** お腹すいた ❶ → **배고파** ❷ → **배고파요** お腹すきました	例 **모르다** わからない ❶ → **모르** ❷ → **몰라** → **몰라요** わかりません

ㄹ語幹の変則活用

パターン1 ㄹ脱落がされる

ㄹ語幹の動詞、形容詞に①ㅅ（さ）、②ㅂパッチム（ぼ）、③ㄹパッチム（る）、④ㄴ（の）で始まる語がつく時は、ㄹが脱落します。「さぼるの」と覚えておきましょう。

例	
살다 住む + ㅂ/습니다 ～ます	사+ㅂ니다　ㅂパッチムがついてㄹが脱落される ➔ **삽니다** 住んでいらっしゃいます
살다 住む + 네요 ～ですね	사+네요　ㄴがついてㄹが脱落される ➔ **사네요** 住んでますね

パターン2 ㄹ語幹の後に으がくると으を無視

さらにㄹ語幹の後に으のつく語がくる時は으が無視、つまり으が消えます。

例	
만들다 作る + 으면 ～なら	➔ **만들**+면 …으が脱落される ➔ **만들면** 作るなら
만들다 作る + 으니까 ～だから	➔ **만들**+니까 …으が脱落される ➔ **만드**+니까 …ㄴと会ってㄹが脱落される ➔ **만드니까** 作るから

으で始まる語がつく時の変則活用

語幹末にパッチムㄹ、ㄷ、ㅂ、ㅅのある語に、으면（～したら）、으니까（～だから）、을거예요（～するつもりです、～と思います）などのような頭に으がつく語がつく場合、それぞれ変則活用をします。

語幹末	活用のしかた	例	語幹 + 으면 ～したら	語幹 + 으니까 ～だから
ㄷ	ㄷをㄹに変える	**듣다** 聞く	**들으면** 聞いたら	**들으니까** 聞くから
ㅂ	①ㅂを取って ②으の代わりに 우をつける	**덥다** 暑い	**더우면** 暑かったら	**더우니까** 暑いから
ㅅ	ㅅを取る	**짓다** 炊く、建てる	**지으면** 炊いたら、建てたら	**지으니까** 炊くから、建てるから

イラスト&書き込み式で
初級レベルがしっかり身につく
Joo式 韓国語
ステップアップドリル

2023年6月1日　初版発行

著者　　　Joo
発行者　　山下　直久
発行　　　株式会社KADOKAWA
　　　　　〒102-8177　東京都千代田区富士見2-13-3
　　　　　電話0570-002-301（ナビダイヤル）
印刷所　　大日本印刷株式会社
製本所　　大日本印刷株式会社

●お問い合わせ
https://www.kadokawa.co.jp/ （「お問い合わせ」へお進みください）
※内容によっては、お答えできない場合があります。
※サポートは日本国内のみとさせていただきます。
※Japanese text only

定価はカバーに表示してあります。